COCINA PARA NO

SALSAS

SIN CALORÍAS

Anne NOËL
Especialista en dietética

susaeta

**SIGNIFICADO DE LOS SÍMBOLOS
QUE ACOMPAÑAN A LAS RECETAS**

✗ preparación muy sencilla
✗✗ preparación fácil
✗✗✗ preparación elaborada

○ barato
⊙⊙ razonable
⊙⊙⊙ caro

Es frecuente considerar los vinos y los quesos como rasgos de civilización. Lo mismo ocurre con las salsas, que son a un tiempo los perfumes de la gastronomía y otras muchas cosas... Las salsas, en efecto, cautivan y asocian todos nuestros sentidos:
– la vista, pues dan color a nuestros platos, los realzan, participando así ampliamente de la estética de la gastronomía;
– el olfato, por los aromas suaves o fuertes, de matices a veces sutiles;
– y, por supuesto, del gusto, por los sabores apetitosos, suaves o especiados, de mezclas delicadas, a veces sorprendentes, pero siempre deliciosas;
– mientras el oído, por su parte, capta las exclamaciones sorprendidas y entusiastas de los comensales...

Sólo nos quedaba un problema por resolver: «¿Cómo unir salsas, gastronomía y dietética?» A esta pregunta, centrada en la relación DISFRUTE-DESEO-SALUD, trata de responder este libro...
Y usted irá descubriendo, a lo largo de sus páginas, múltiples recetas de salsas bajas en calorías, sencillas o elaboradas, pero siempre apetitosas.

JEAN SEYLLER

Salsas frías

Salsa de anchoas

Prep.: 5 min
4 pers. - 25 Kcal./pers.

1 yogur natural
4 filetes de anchoa en salazón
Pimentón

Sal
Pimienta

Se limpian bien los filetes de anchoa bajo el grifo, con el fin de eliminar la sal. Se pasan todos los ingredientes por la batidora. Se espolvorea con pimentón.

Usos: Pescados, carnes frías, huevos duros.

Mayonesa con aguacate

Prep.: 15 min
6 pers. - 45 Kcal./pers.

1/2 aguacate muy maduro
150 g de queso blanco con 0% de materia grasa
1 yogur natural
1 yema de huevo

1 cucharadita de mostaza
Sal
Pimienta
Perejil picado

Se reduce a puré la carne de aguacate y se mezcla con la yema de huevo y la mostaza. Se baten el yogur y el queso blanco. Se mezclan las dos preparaciones. Se sazona. Se espolvorea con perejil antes de servir.

Usos: Pescados, crustáceos, verduras y hortalizas crudas.

Salsas frías

Salsa de alcaparras

Prep.: 10 min
4 pers. - 32 Kcal/pers.

150 g de queso blanco no graso
40 g de alcaparras
2 pepinillos pequeños

2 cucharadas soperas de ketchup
Sal
Pimienta

Se pican finamente las alcaparras y los pepinillos, y se mezclan todos los ingredientes.

Usos: *Pescados fríos.*

Salsas frías

Salsa al limón

Prep.: 5 min
4 pers. - 18 Kcal./pers.

El zumo de 1 limón
1 cucharada sopera de nata baja en calorías

2 cucharadas soperas de agua
Sal
Pimienta

Se mezclan todos los ingredientes.

Usos: Verduras y hortalizas crudas, verduras cocidas y en ensalada.

Salsa al limón con cangrejo

Prep.: 10 min
4 pers. - 40 Kcal./pers.

125 g de carne de cangrejo
1 yogur natural desnatado
El zumo de 1 limón
Sal

Pimienta
1 cucharadita de mostaza
1 cucharada sopera de nata

Se escurre y se desmiga el cangrejo. Se pasa por la batidora. Se añade el yogur batido, el zumo de limón y la mostaza.
Se sazona y se remueve bien hasta obtener una salsa homogénea.
Sírvala muy fría.

Usos: Verduras crudas, pescados fríos.

Dips de coliflor

Prep.: 10 min - Cocción: 20 min
5 pers. - 37 Kcal./pers.

300 g de coliflor
Sal
Pimienta
Nuez moscada

1 yema de huevo
100 g de nata líquida baja en calorías
Perejil picado

Se cuecen los ramitos de coliflor de 15 a 20 minutos al vapor. Se deja enfriar un poco y se pasan por la batidora.
Se sazona y se incorporan el huevo batido y la nata líquida. Se espolvorea con perejil.

Usos: *Verduras y hortalizas crudas.*

Salsas frías

Salsa crema a la alcaravea

Prep.: 5 min - Reposo: 1 h
4 pers. - 35 Kcal./pers.

4 cucharadas soperas de nata líquida
    baja en calorías
El zumo de 1 limón
2 cucharadas soperas de agua
Sal

Pimienta
1 cucharadita de mostaza
1 cucharada sopera de azúcar
Semillas de alcaravea

Se mezclan bien todos los ingredientes y se vierten sobre la preparación. Se remueve y se mete todo en el frigorífico 1 hora.

Usos: Ensaladas, verduras y hortalizas crudas.

Salsa crema 10 %

Prep.: 5 min
4 pers. - 30 Kcal./pers.

2 cucharadas soperas de nata
4 cucharadas soperas de leche desnatada
1/2 vaso de agua
1 cucharadita de mostaza

Cebollino picado
Sal
Pimienta

Se mezclan bien todos los ingredientes.

Usos: Verduras y hortalizas crudas, verduras hervidas.

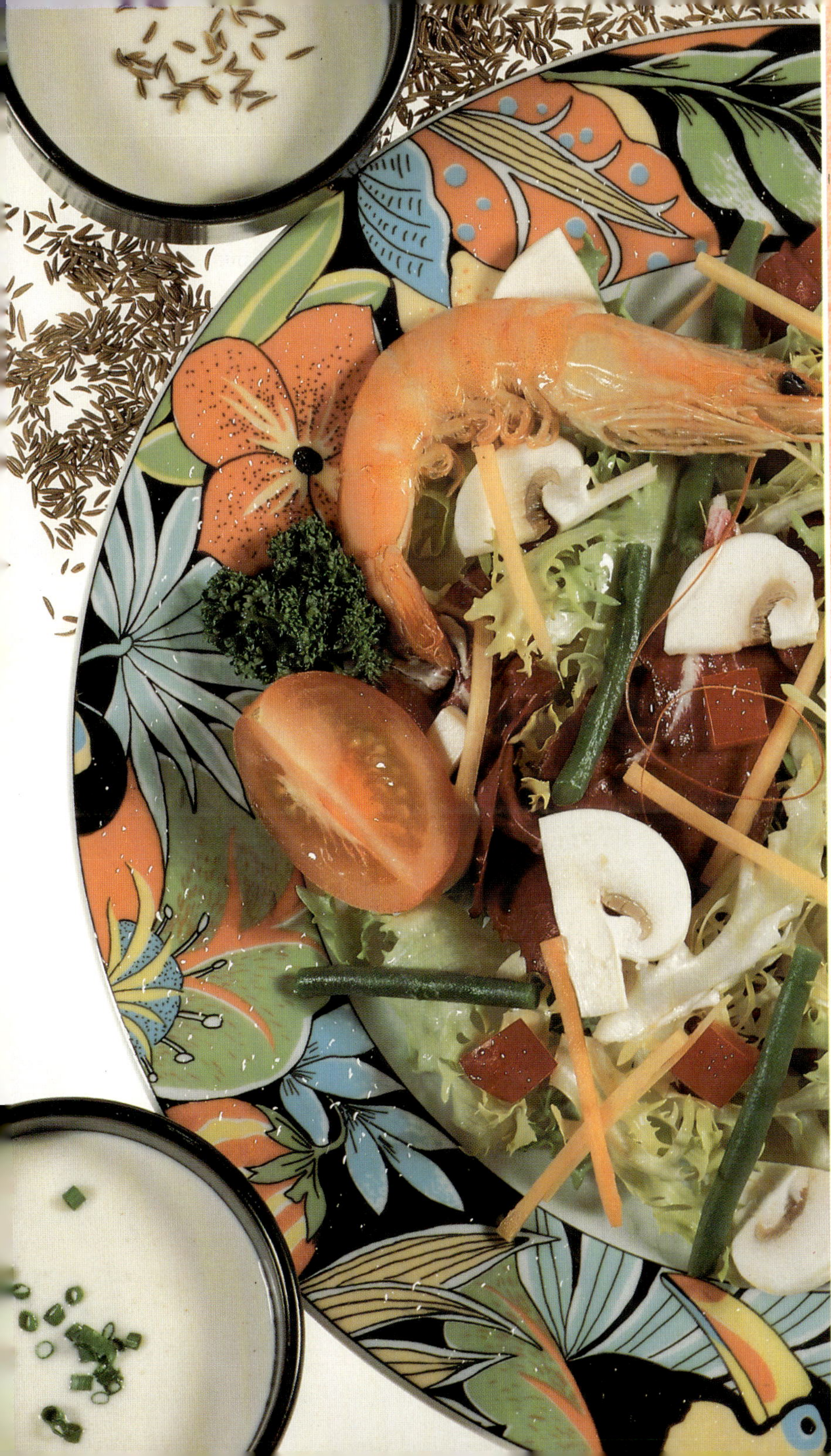

Salsas frías

Salsa de chalotas

✗✗○

Prep.: 10 min - Cocción: 10 min
4 pers. - 30 Kcal./pers.

---

4 chalotas
1 vaso de caldo de verduras
1 yema de huevo
1 petit-suisse con 30% de materia grasa
1 cucharada sopera de vinagre

1 cucharadita de mostaza fuerte
Sal
Pimienta
Perejil picado

En una cacerola, se cuecen las chalotas finamente picadas con el caldo de verduras durante aproximadamente 10 minutos. Se deja enfriar hasta que esté tibia.
Mientras tanto, en un recipiente se mezclan el vinagre, la mostaza, la yema de huevo, el petit-suisse, la sal, la pimienta y el perejil.
Se vierte poco a poco la mezcla de chalotas y caldo sobre la preparación, removiendo al tiempo. La salsa está lista.

Usos: Ensaladas verdes, verduras y hortalizas crudas (sobre todo las coles en ensalada), ensaladas de carne o de pescado.

Salsa a las hierbas

✗○

Prep.: 5 min
4 pers. - 25 Kcal./pers.

---

1 yogur natural
1 cucharada sopera de nata líquida baja en calorías
1 cucharada sopera de vinagre
1 cucharada sopera de perejil picado

1 cucharada sopera de perifollo picado
1 cucharada sopera de cebollino picado
Sal
Pimienta

Se mezclan todos los ingredientes.

Usos: Verduras y hortalizas crudas.

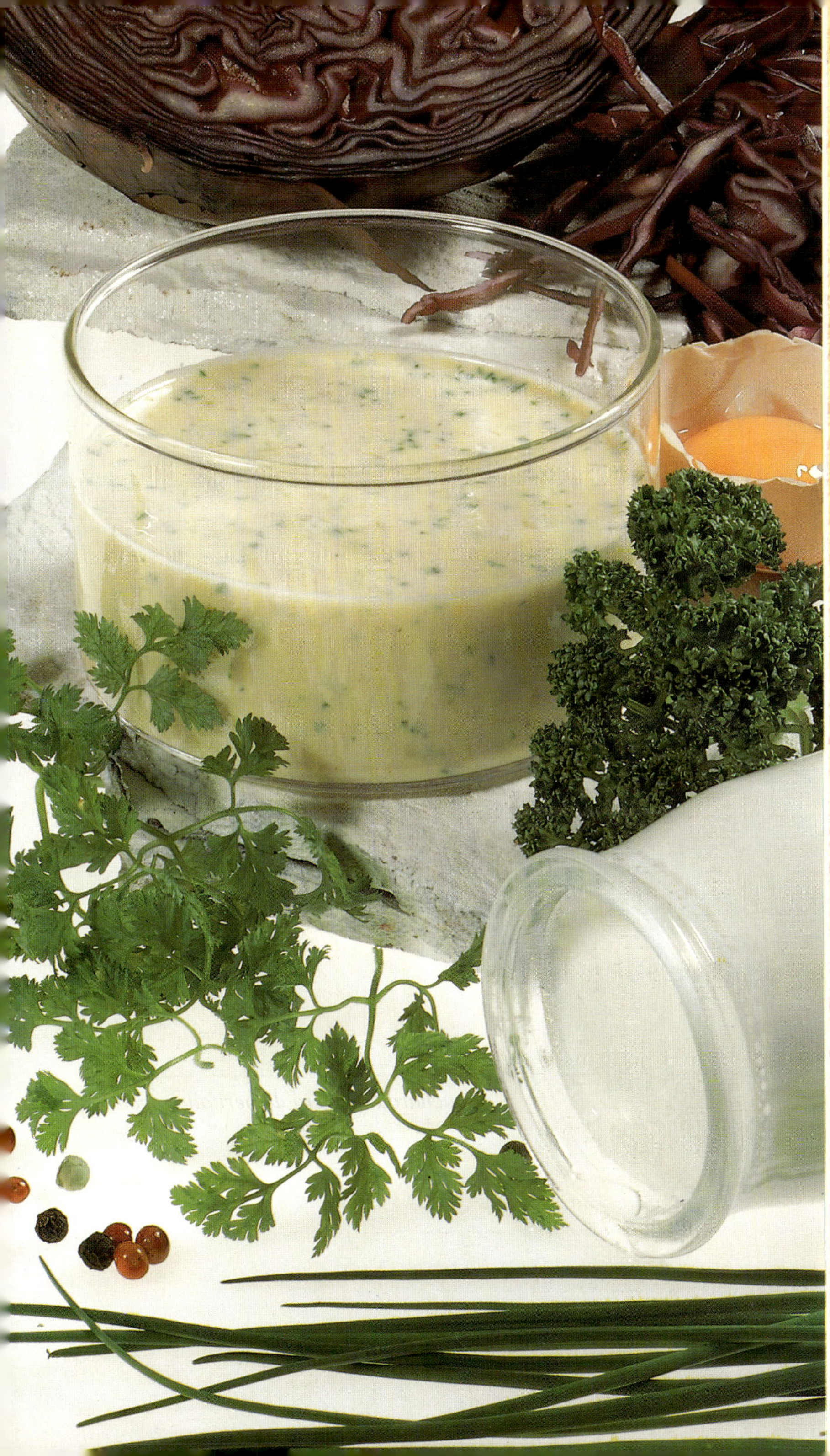

Salsas frías

Salsa rosa de queso blanco

Prep.: 10 min - Cocción: 3 min
4 pers. - 28 Kcal./pers.

150 g de queso blanco no graso
1 cebolla
2 tomates

1 cucharadita de curry
2 cucharadas soperas de vinagre

Se pelan los tomates. Se pasan rápidamente los tomates y el queso blanco por la batidora. Se pela la cebolla y se pica muy fino.
Se mezclan todos los ingredientes.
La salsa está lista.

Usos: Verduras y hortalizas crudas.

Salsa de queso fresco

Prep.: 10 min
4 pers. - 45 Kcal./pers.

3 cuadraditos de queso fresco
2 cucharaditas de mostaza
1 cucharadita de estragón picado
2 cucharadas soperas de nata líquida

Sal
Pimienta
2 cucharadas soperas de yogur batido

Se mezcla bien el queso fresco con la mostaza y el estragón, aplastando todo bien con un tenedor hasta obtener una pomada homogénea. Se salpimenta. Se incorporan poco a poco la nata y el yogur batidos.
La salsa está lista.

Usos
Verduras y hortalizas crudas, fondues de carne.

Salsas frías

Muselina al queso blanco

Prep.: 10 min - Cocción: 10 min
6 pers. - 50 Kcal./pers.

3 chalotas
1 cucharada sopera de vinagre
2 huevos + 1 clara
Sal
Pimienta
Estragón
200 g de queso blanco

Se pican fino las chalotas. Se cuecen con el vinagre. Se sazona. En cuanto todo el líquido se haya evaporado, se retira del fuego y se deja enfriar hasta que esté tibio. Se añaden una a una las 2 yemas de huevo y después, poco a poco, el queso blanco. Se incorporan delicadamente 3 claras de huevo a punto de nieve y el estragón picado.

Usos: Ensaladas de carne, pescado, carnes frías, fondues.

Salsas frías

Salsa al queso azul

Prep.: 20 min
5 pers. - 80 Kcal./pers.

200 g de queso blanco con 0% de materia grasa
60 g de queso azul
1 yema de huevo duro
1 cucharadita de vinagre

1 cucharadita de mostaza
Sal
Pimienta
Perejil

Se bate el queso blanco hasta obtener una pasta homogénea y untuosa.
En un recipiente, se aplastan con un tenedor la yema de huevo y el queso azul. En cuanto la mezcla adquiere consistencia de pomada, se incorporan poco a poco el vinagre, la mostaza y el queso blanco.
Se sazona. Se espolvorea con perejil picado.

Usos
Fondues de carne, carnes frías, parrilladas, pescados fríos o hervidos.

Salsa al queso de cabra

Prep.: 10 min
4 pers. - 40 Kcal./pers.

1 yogur natural
30 g de queso de cabra fresco
Sal

Pimienta
Perejil
1 pizca de pimentón molido

Se aplasta el queso de cabra con el tenedor. Se incorpora poco a poco el yogur batido hasta obtener una preparación homogénea. Se sazona, se añade la puntita de pimentón y se espolvorea con perejil picado.

Usos: *Verduras y hortalizas crudas.*

Salsas frías

Salsa al roquefort

Prep.: 10 min
6 pers. - 55 Kcal./pers.

50 g de queso roquefort
3 cucharadas soperas de nata líquida baja en calorías
1 cucharada sopera de vinagre

Pimienta
Sal
1/2 yogur natural
Unas gotas de tabasco

Se aplasta el roquefort con un tenedor. Se incorpora la nata líquida, el vinagre y se sazona. A continuación se añade poco a poco el yogur sin dejar de batir al tiempo.

Usos: *Verduras y hortalizas crudas, carnes, fondues.*

Salsas frías

Salsa de mostaza

Prep.: 5 min
4 pers. - 25 Kcal./pers.

1 cucharada sopera de mostaza
1 yema de huevo crudo
8 cucharadas de leche semidesnatada

El zumo de 1/2 limón
Sal, pimienta

Se mezclan todos los ingredientes en un bol.
Se baten con las varillas para obtener una salsa espumosa.

Usos: *Verduras y hortalizas crudas, ensaladas de carne o de pescado, verduras cocidas en ensalada.*

Salsa picante con verduras

Prep.: 15 min - Reposo: 30 min
4 pers. - 40 Kcal./pers.

150 g de queso blanco no graso
1 yogur natural
1/2 pimiento rojo
1/2 pimiento verde
3 cucharadas soperas de pepino

1 cucharadita de mostaza
Sal
Pimienta
Tabasco al gusto

En un cuenco, se bate con las varillas el queso blanco con el yogur hasta obtener una mezcla untuosa.
Se añaden las verduras picadas muy fino, la mostaza, la sal, la pimienta y el tabasco. Se remueve bien.
Se mete en el frigorífico 30 minutos antes de servir. Se prueba y se rectifica el punto de sazón si es necesario.

Usos: *Verduras y hortalizas crudas, parrilladas.*

Salsas frías

Salsa para ostras

Prep.: 5 min
4 pers. - 20 Kcal./pers.

*6 ostras
1 cucharada sopera de vinagre de
 frambuesa
1 chalota picada*

*Pimienta molida
Cilantro molido
El zumo de 1 limón verde
Estragón*

Se abren las ostras. Se reservan. Se pasa por la batidora el zumo con todos los ingredientes salvo el estragón.
Se espolvorea con estragón picado. Se cubren las ostras tibias con esta salsa.

Usos: *Ostras.*

Salsas frías

Salsa de cebolla

Prep.: 10 min - Cocción: 5 min
4 pers. - 45 Kcal./pers.

4 dientes de ajo	Pimienta
1 cebolla suave	Perejil, perifollo y estragón picados
1 limón	1 cucharada sopera de aceite de girasol
Sal	

Se cuecen los dientes de ajo sin pelar en un poco de agua durante unos 5 minutos. Se deja enfriar hasta que estén tibios y después se pelan. Se machaca el ajo. Se pela la cebolla y se pasa rápidamente por la batidora.

Se mezclan los 2 purés hasta obtener una pasta homogénea. Se incorporan el zumo de limón, las finas hierbas y el aceite. Se sazona.

La salsa está lista.

Usos: Verduras y hortalizas crudas, parrilladas, pescados hervidos.

Sambal de cebolla

Prep.: 5 min - Reposo: 1 h
4 pers. - 15 Kcal./pers.

1 cebolla	1/2 cucharadita de pimentón
4 cucharadas soperas de zumo de limón	Sal

Se vierte el zumo de limón sobre la cebolla finamente picada. Se deja que repose 1 hora, aproximadamente, en el frigorífico.

Se añaden el pimentón y la sal. Se mezcla bien.

Usos: Verduras y hortalizas crudas, curry de cordero, brochetas.

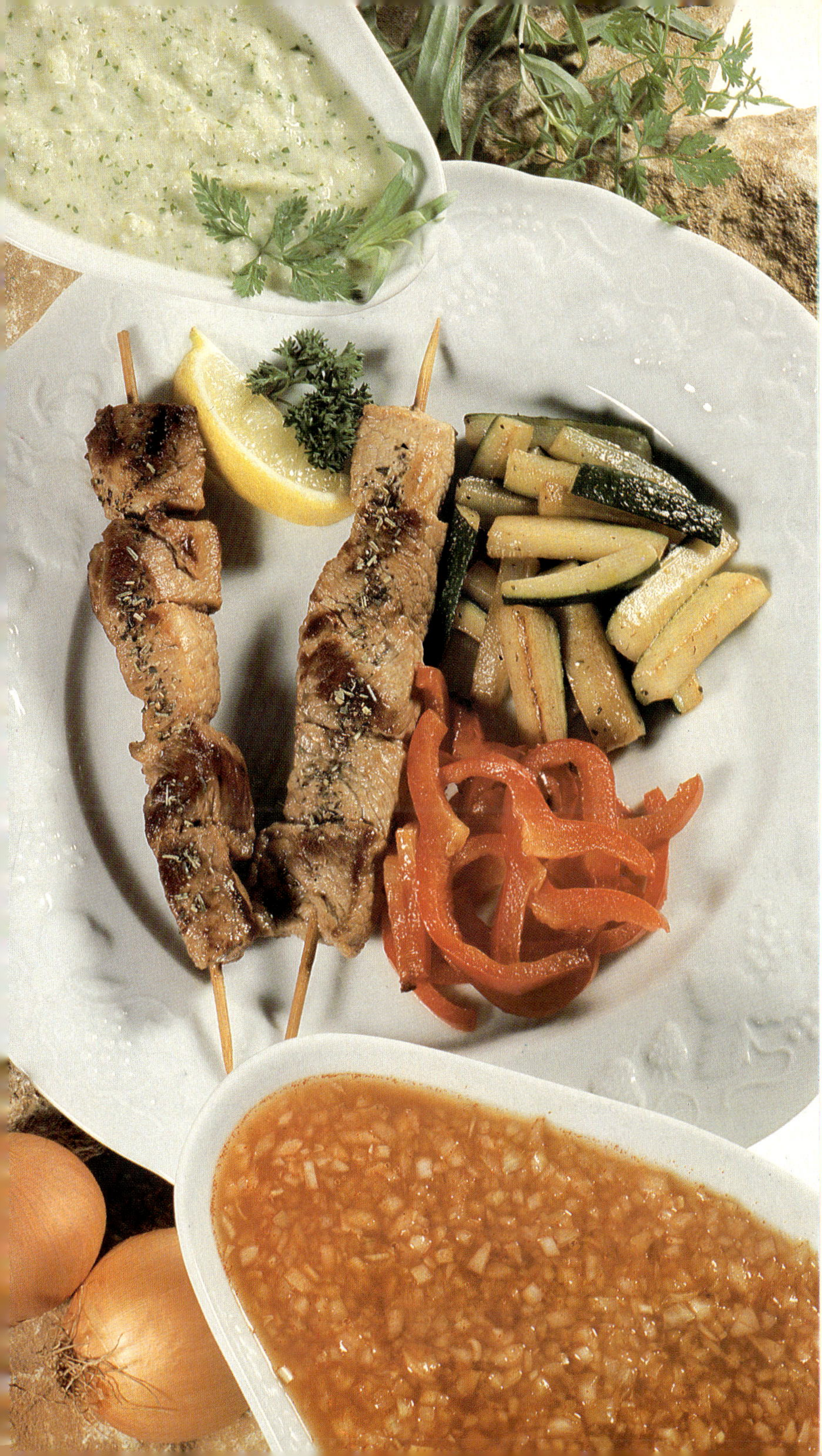

Salsa fría de naranja

Prep.: 10 min - Cocción: 3 min
4 pers. - 25 Kcal./pers.

El zumo de 1 naranja
1 cucharadita de maizena
1/2 vaso de agua

Sal
Pimienta
Perejil

Se deslíe la maizena con el agua. Se espesa a fuego lento. Se sazona y se incorpora el zumo de naranja. Se espolvorea con perejil picado. Se deja enfriar.

Usos: Verduras y hortalizas crudas, ensaladas.

Salsa de pomelo

Prep.: 10 min
4 pers. - 20 Kcal./pers.

1/2 pomelo
1/2 yogur natural
2 cucharadas soperas de agua

Sal
Pimienta

Se bate el yogur natural. Se salpimenta. Se incorporan el zumo de pomelo y el agua. Sírvase muy fría.

Usos: Verduras y hortalizas crudas, ensaladas verdes.

Salsas frías

Salsa al rábano blanco

Prep.: 5 min
6 pers. - 27 Kcal./pers.

100 g de queso blanco no graso
1 yogur natural
1 yema de huevo
1 cucharadita de mostaza

1 cucharada sopera de rábano blanco
Sal
Perejil y perifollo picados

Se mezclan el yogur y el queso blanco. Se baten hasta obtener una mezcla untuosa.
En un cuenco, se bate la yema de huevo como para tortilla. Se incorpora la mostaza y después el rábano blanco. Se sazona.
Se mezcla todo y se rectifica el punto de sazón si es necesario. Se espolvorea con perejil y perifollo.

Usos: *Verduras y hortalizas crudas, carnes y pescados frescos.*

Salsa con soja

Prep.: 5 min
4 pers. - 55 Kcal./pers.

1 yema de huevo
2 cucharadas soperas de salsa de soja
2 cucharadas soperas de vinagre

1 cucharada sopera de agua
1 cucharada sopera de aceite
Pimienta

Se bate la yema de huevo como para tortilla y después se mezclan todos los ingredientes.

Usos: *Verduras y hortalizas crudas, ensaladas de carne, ensaladas de pescado.*

Salsas frías

Salsa al tamarisco

Prep.: 5 min
4 pers. - 42 Kcal./pers.

2 cucharadas soperas de vinagre
2 pizcas de azúcar
1 cucharada sopera de aceite de oliva
1 cucharada sopera de agua

1 chalota
Sal
Pimienta
1 cucharada sopera de tamarisco

En un recipiente se mezclan el azúcar, la sal y el vinagre de forma que todos los ingredientes queden bien disueltos.

Se añade el aceite de oliva, el agua, la chalota picada y el tamarisco. Se remueve y se sazona.

Usos: *Verduras y hortalizas crudas, ensaladas de pescado o de huevo.*

Salsas frías

Salsa de tomates frescos

Prep.: 10 min - Cocción: 10 min
4 pers. - 25 Kcal./pers.

8 tomates *Sal*
1 chalota *Pimienta*

En una cacerola, se cuecen la chalota picada y los tomates pelados y sin pepitas durante 10 minutos. Se deja enfriar hasta que esté tibio y se pasa por la batidora.

La salsa de tomate puede sazonarse de diferentes maneras: menta, albahaca, cebollino, estragón...

Usos: *Entrantes fríos, sobre todo los pasteles de pescado.*

Salsas frías

Chutney de tomate y menta

Prep.: 20 min - Reposo: 2 h
4 pers. - 45 Kcal./pers.

2 cebollas	Jengibre
8 tomates maduros	Sal
1 limón	Unas gotas de tabasco
1 cucharada sopera de azúcar	Unas hojas de menta

Se pelan los tomates y se les quita las pepitas. Se pelan las cebollas y se pican muy fino.

En una ensaladera se ponen las cebollas picadas, los tomates triturados, el azúcar, el jengibre rallado, el tabasco, el zumo de limón y la menta picada. Se mezcla bien.

Se mete en el frigorífico unas 2 horas antes de servir.

Usos: Carnes, pescados, huevos.

Salsas frías

Salsa de yogur a la menta

Prep.: 5 min - Reposo: 1 h
4 pers. - 30 Kcal./pers.

1 yogur natural
1 yema de huevo
Sal

Pimienta
Unas hojas de menta fresca

En un bol se baten la yema de huevo y el yogur natural hasta obtener una mezcla muy homogénea.
Se sazona y se espolvorea con menta fresca picada. Se mezcla y se mete en el frigorífico 1 hora.

Usos: Verduras y hortalizas crudas (principalmente pepinos, tomates), carnes frías, pescados, ensaladas, fondues.

Salsa de yogur con limón

Prep.: 5 min
4 pers. - 40 Kcal./pers.

1 cucharada sopera de vinagre
1 cucharada sopera de aceite de girasol
1/2 yogur natural
El zumo de 1/2 limón

Sal
Pimienta
Perejil picado

Se mezclan todos los ingredientes y se sirve fría.

Usos: Platos de verduras y hortalizas crudas, ensaladas de carne o de pescado, ensalada verde.

Salsas frías

Salsa de yogur picante

Prep.: 10 min - Reposo: 1 h
6 pers. - 25 Kcal./pers.

2 yogures naturales
3 chalotas
Sal
Pimienta

Pimentón dulce molido
Pimiento picante verde picado
50 g de pepino

Se baten los yogures naturales. Se añade el pepino rallado fino, las chalotas finamente picadas y el pimiento picante. Se sazona.

Se tapa y se mete 1 hora en el frigorífico. Antes de servir, se espolvorea la salsa con pimentón dulce.

Usos: *Verduras y hortalizas crudas, carnes frías, pescados hervidos.*

Salsas frías

Salsa vinagreta

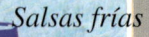

✗○

Prep.: 5 min
4 pers. - 32 Kcal./pers.

1 cucharada sopera de aceite de maíz
2 cucharadas soperas de vinagre
1 cucharada sopera de agua

Sal
Pimienta
Perejil y estragón picados

En un bol se mezclan la sal, el vinagre y el agua. Se añade poco a poco el aceite y después las hierbas.

Según el uso, añádale ajo machacado, cebolla picada o mostaza.

Usos: Ensaladas verdes, verduras y hortalizas crudas, ensaladas de carne, ensaladas de pescado.

Vinagreta baja en calorías

✗○

Prep.: 5 min
4 pers. - 35 Kcal./pers.

1 cucharada sopera de aceite de maíz
1 cucharadita de mostaza
1 cucharada sopera de zumo de limón

1 cucharada sopera de vinagre
Sal
Pimienta

Se mezclan todos los ingredientes.

Usos: Ensaladas, verduras y hortalizas crudas.

Salsas frías

Vinagreta esbeltez

Prep.: 5 min
6 pers. - 25 Kcal./pers.

1 cucharada sopera de aceite de girasol
1 cucharada sopera de vinagre de vino
2 cucharadas soperas de leche desnatada líquida
2 cucharadas soperas de agua
Sal
Pimienta
Perifollo

Se mezclan todos los ingredientes.

Usos: *Ensaladas verdes, pepinos, tomates, rábanos.*

Salsas frías

Salsa alioli baja en calorías ✗✗∞

Prep.: 15 min
6 pers, - 52 Kcal./pers.

---

1 cabeza de ajo	1 limón
1 cucharadita de pimentón dulce	1 yogur natural
1 yema de huevo	1 cucharada sopera de aceite de girasol

Se pela y se machaca el ajo en un mortero. Se reduce a pomada.
Se añade el pimentón, la sal y la yema de huevo sin dejar de remover, como para una mayonesa. Se vierten poco a poco el aceite y el zumo de limón alternativamente, y después se incorpora el yogur.

Usos: *Pescados hervidos, carnes a la parrilla.*

Salsa bearnesa baja en calorías ✗✗∞

Prep.: 10 min - Cocción: 20 min
8 pers. - 40 Kcal./pers.

---

3 yemas de huevo	200 g de queso blanco
5 chalotas	Sal
1/2 vaso de vino blanco seco	Pimienta
2 cucharadas soperas de vinagre	Estragón

Se ponen al fuego las chalotas con el vino blanco y el vinagre para que reduzcan. Aparte del fuego, se añaden las yemas de huevo. Se coloca después la cacerola al baño María y se deja que cuajen las yemas de huevo sin dejar de remover. En cuanto se hayan endurecido, se retira del fuego.
Se sazona y se incorpora el estragón picado.
Se deja enfriar ligeramente y se añade poco a poco el queso blanco.

Esta salsa se sirve tibia o fría.

Usos: *Carnes a la parrilla, pescados, fondue china.*

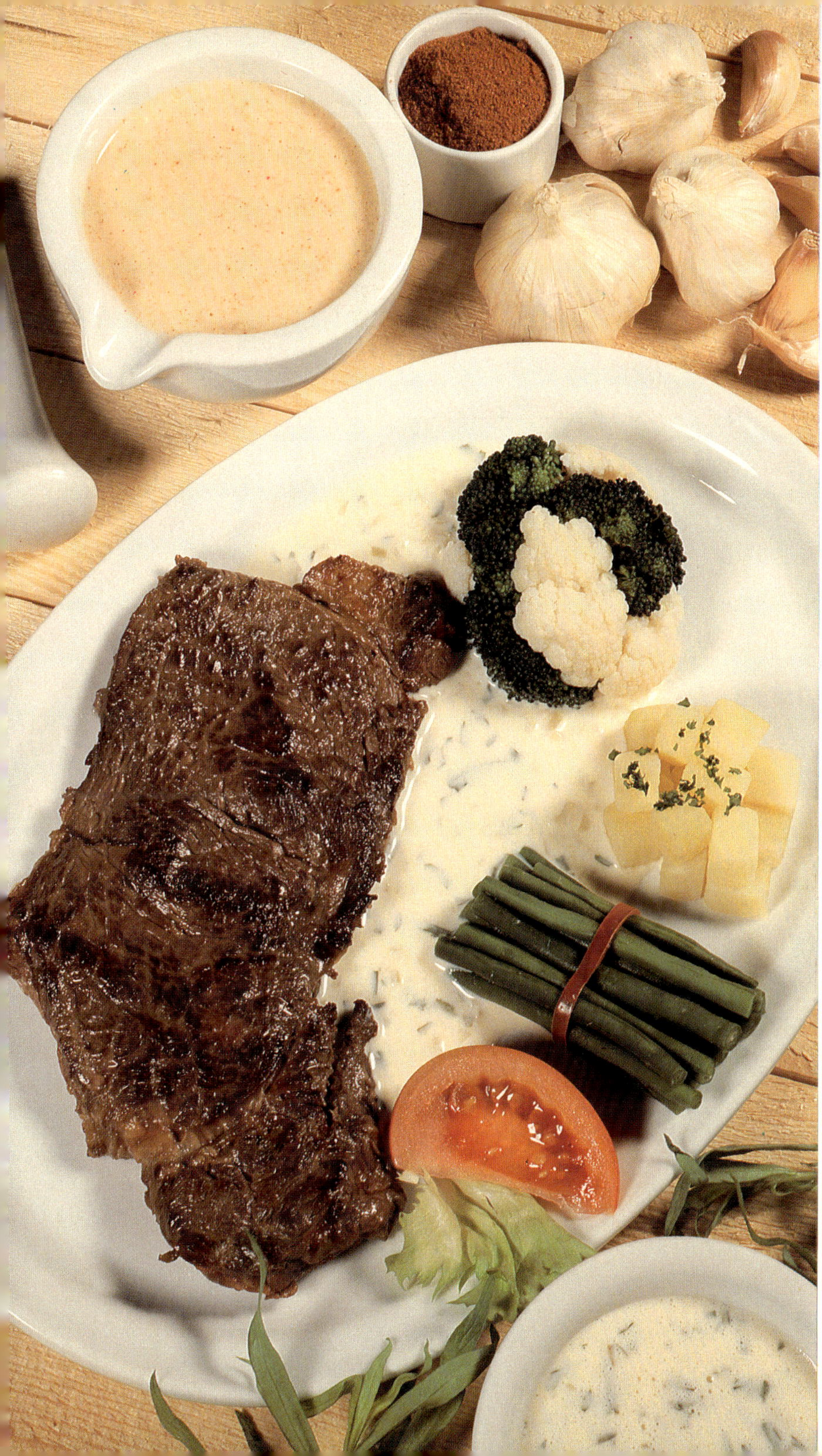

Salsas frías

Salsa búlgara ✗○

Prep.: 5 min
5 pers. - 45 Kcal./pers.

El zumo de 1 limón	*Sal*
1 yogur búlgaro	*Pimienta*
1 cucharada sopera de aceite de oliva	*Perejil picado*
1 cucharadita de mostaza en grano	

Se mezclan todos los ingredientes y se sirve muy fría.

Usos: *Verduras y hortalizas crudas, verduras cocidas en ensalada.*

Salsa californiana ✗∞

Prep.: 10 min
6 pers. - 40 Kcal./pers.

200 g de queso blanco no graso	*Eneldo picado*
1/2 aguacate	*Sal*
1 cebolla suave	*Pimienta*
El zumo de 1 limón	

Se pasa por la batidora la carne del aguacate. Se pela la cebolla y se pica finamente. Se bate el queso blanco hasta que quede bien homogéneo.
Se mezclan todos los ingredientes y se espolvorea con eneldo.

Usos: *Verduras y hortalizas crudas, parrilladas.*

Salsa cocktail

✗○

Prep.: 15 min
5 pers. - 45 Kcal./pers.

---

150 g de queso blanco
2 cucharadas soperas de nata líquida
   baja en calorías
1 cucharada sopera de zumo de limón
Sal

Pimienta
1 cucharada sopera de mostaza
1 yema de huevo
1 cucharadita de coñac
2 cucharadas soperas de ketchup

En un bol se mezcla la yema de huevo con la mostaza. Se añade poco a poco el queso blanco y después la nata líquida, procediendo como si se tratara de una mayonesa.

Se sazona y a continuación se incorpora el zumo de limón, el coñac y el ketchup.

Usos: Aguacates, cóctel de gambas, fondues, platos de verduras y hortalizas crudas.

Salsas frías

Salsa criolla

Prep.: 20 min - Cocción: 10 min
4 pers. - 40 Kcal./pers.

3 tomates bien maduros
1 pimiento verde pequeño sin pepitas
1 cebolla suave
1/2 papaya sin pepitas
1 limón verde

4 dientes de ajo
1 pizca de azafrán
Sal
Pimienta
1 pimiento verde picante sin pepitas

Se pican finamente todos los ingredientes pelados.

Se exprime el limón. Se machaca el ajo en un mortero con el pimiento, los tomates, el pimiento picante y la papaya. Se pone todo en una cacerola con la cebolla picada y el limón verde. Se mezcla bien y se cuece a fuego lento de 5 a 10 minutos. Se deja enfriar un poco y se pasa por la batidora. Se sazona.

Usos: *Brochetas, pescados, crustáceos, carnes blancas.*

Salsas frías

Salsa griega

✖️⭕

Prep.: 20 min - Cocción: 10 min
6 pers. - 40 Kcal./pers.

1 kg de tomates
1 cebolla
4 dientes de ajo
El zumo de 1 limón verde

Sal
Pimienta
Unas hojas de menta

Se pelan los tomates y se pican. Se pela y pica finamente la cebolla. Se pela y se pica el ajo. En una cacerola se cuecen a fuego lento la cebolla y el ajo con un poco de agua durante 10 minutos, removiendo de vez en cuando. Se deja enfriar.

Se pasan los tomates por la batidora y después por el chino, para así eliminar las pepitas. Se mezclan todos los ingredientes. Se sazona y se añade la menta picada.

Sírvase muy fría.

Usos: *Pasteles de pescado, de carne o de verduras, hortalizas y verduras crudas.*

Salsas frías

Salsa grelette

✗⊗

Prep.: 10 min - Cocción: 3 min
4 pers. - 20 Kcal./pers.

4 tomates frescos	*El zumo de 1/2 limón*
100 g de queso blanco con 0% de materia grasa	*Sal*
	Pimienta
4 chalotas	

Se pelan los tomates y se eliminan las pepitas. Se pelan y se pican las chalotas.
Se pasan un momento por la batidora los tomates con el queso blanco, se incorporan las chalotas y el zumo de limón. Se sazona.
Sírvase muy fría.

No pasar por la batidora las chalotas, porque amargarían.

Usos: *Verduras y hortalizas crudas (tomates, ensaladas verdes), pescados fríos, fondues de carne.*

Salsa gribiche

✗O

Prep.: 5 min
5 pers. - 40 Kcal./pers.

1 yema de huevo duro	*1 cucharada sopera de aceite*
1 cucharadita de mostaza	*Sal*
1 cucharada sopera de vinagre	*Pimienta*
2 cucharadas soperas de yogur natural	

En un bol se aplasta la yema de huevo con un tenedor. Se añade la mostaza, el vinagre y el yogur natural. Se sazona. Se incorpora el aceite poco a poco sin dejar de remover.
Sírvase muy fría.

Usos: *Moluscos, crustáceos fríos, ensaladas de pepino, tomates...*

Salsas frías

Salsa jardinera

✗ ✗ ◯◯

Prep.: 5 min
6 pers. - 35 Kcal./pers.

---

1 vaso de zumo de tomate
1 vaso de zumo de zanahoria
1 cebolla
1 manzana ácida

El zumo de 1 limón
1/2 cucharadita de curry
Sal
Perifollo picado

Se pica muy fina la cebolla. Se pelan y se rallan las manzanas, y después se rocían con limón para evitar la oxidación. Se mezclan todos los ingredientes.

Usos: Ensaladas, pasteles de verduras y de pescado.

Salsa muselina

✘○

Prep.: 15 min
4 pers. - 35 Kcal./pers.

---

1 huevo
150 g de queso blanco con 0% de
   materia grasa
1 cucharadita de mostaza

1 cucharadita de zumo de limón
Sal, pimienta
Perejil
Pimentón

Se mezclan la yema de huevo, el perejil picado, la mostaza y el zumo de limón. Se incorpora poco a poco el queso blanco, procediendo como si se tratara de una mayonesa.

Se sazona y después se incorpora con delicadeza la clara de huevo batida a punto de nieve firme.

En el momento de servir, se decora espolvoreando con pimentón.

Usos: Fondues de carne, espárragos, alcachofas, carnes frías, pescados, huevos duros fríos, verduras y hortalizas crudas.

Salsa ravigote

✗ ⚭

Prep.: 10 min
4 pers. - 40 Kcal./pers.

---

1 cucharada sopera de aceite de girasol *1 huevo duro*
1 cucharada sopera de mostaza fuerte *3 chalotas*
Cebollino y perejil picados *Sal*
El zumo de 1 limón *Pimienta*

Se pelan y pican las chalotas.
En un bol se aplasta el huevo con un tenedor. Se añaden la mostaza y el zumo de limón. Se sazona y se mezcla bien.
Se vierte poco a poco el aceite y después se añaden las hierbas y las chalotas. Se mezcla y se sirve muy fría.

Usos: Carnes frías, ensaladas de pescado, ensaladas de huevo, carnes a la parrilla.

Salsas frías

Salsa tártara

Prep.: 15 min
4 pers. - 48 Kcal./pers.

150 g de queso blanco con 0% de materia grasa
2 yemas de huevo duro
1 cucharadita de mostaza fuerte
Sal
Pimienta

Estragón
Perejil
Cebollino
Perifollo
1 chalota

Se pela y se pica finamente la chalota.
Se aplastan las yemas de huevo con un tenedor.
Se incorpora poco a poco el queso blanco y se remueve hasta obtener una preparación homogénea.
Se sazona y se añaden las finas hierbas picadas.

Salsa vietnamita

Prep.: 20 min
4 pers. - 15 Kcal./pers.

1 pimiento rojo
3 dientes de ajo
1 cucharadita de azúcar

1 limón
1 cucharada sopera de vinagre
1 cucharada sopera de agua

Se corta el pimiento en sentido longitudinal. Se retiran las semillas y las partes blancas. Se machaca el pimiento en un mortero hasta obtener un puré. Se añade el azúcar.
Se pela el limón, se retiran las partes blancas y después las pepitas. Se añade poco a poco el limón cortado en rodajas al pimiento. Se aplasta todo hasta obtener un puré homogéneo.
Se añade el vinagre, el agua y el ajo picado. La salsa está lista.

Usos *Fondue de carne, fondue china, huevos duros en ensalada, carnes frías, pescados fríos o calientes, ensaladas de pepino.*

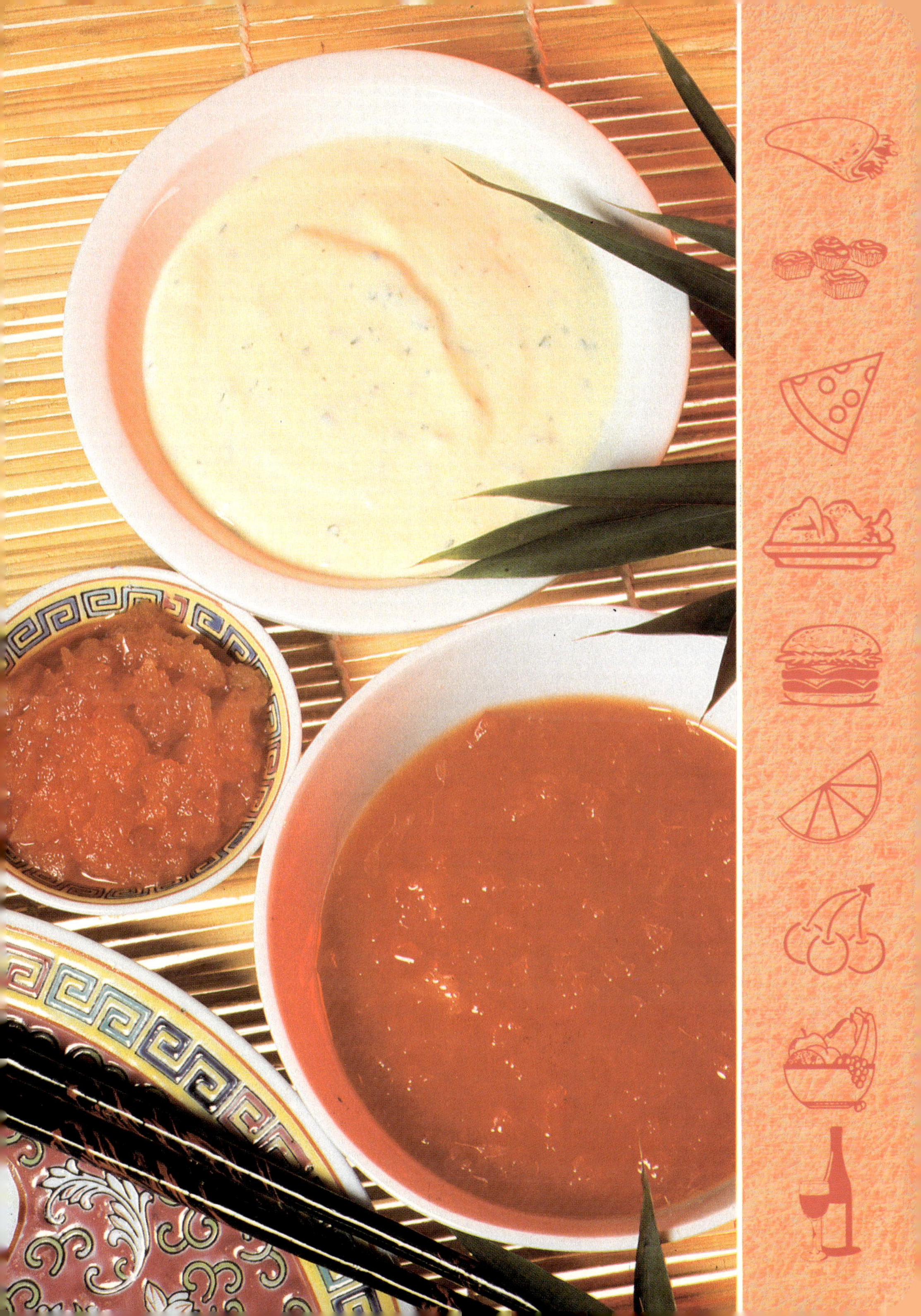

Salsas calientes

Crema de ajo   ✗✗○

Prep.: 20 min - Cocción: 40 min
6 pers. - 54 Kcal./pers.

---

2 cabezas de ajo
4 cucharadas soperas de nata líquida baja en calorías
1 vaso de vino blanco

1 vaso de caldo
Sal
Pimienta
Hierbas provenzales

Se doran ligeramente en la sartén los dientes de ajo sin pelar, y después se deslíen con el vino blanco y el caldo. Se cuece a fuego lento de 30 a 35 minutos. Se retiran los dientes de ajo. Se sazona.

Se pela el ajo tibio y se pasa todo por la batidora para obtener un puré. Se incorpora la nata líquida y se calienta unos instantes. Se retira del fuego en cuanto rompe el hervor. La salsa está lista.

Usos: *Carnes a la parrilla.*

Salsas calientes

Salsa a la albahaca

Prep.: 10 min - Cocción: 30 min
4 pers. - 50 Kcal./pers.

1 cebolla
4 dientes de ajo
2 hojas de laurel
6 hojas de albahaca

Perejil
Sal
Pimienta
1 kg de tomates

Se lavan los tomates y se parten en cuartos. Se cuecen con la cebolla troceada. Se salpimenta. Se añaden las hojas de laurel y el perejil. Se cuece a fuego vivo durante 10 minutos. Se tapa y se deja cocer a fuego lento 15 minutos.

Se pica la albahaca y se machaca el ajo. Se mezclan.

Se pasa la salsa de tomate por el pasapurés con el fin de eliminar las pieles y las semillas. Se vuelve a poner todo unos instantes a fuego vivo, añadiendo la preparación de ajo y albahaca.

Usos: *Pastas, arroz, verduras, carnes a la parrilla.*

Salsas calientes

Salsa de alcaparras ✕○

Prep.: 10 min - Cocción: 10 min
4 pers. - 45 Kcal./pers.

1/4 l. de leche desnatada
1 cucharada sopera de harina
1 cucharadita de mostaza
Sal

Pimienta
2 cucharadas soperas de alcaparras
Cebollino

Se deslíe la harina en un poco de leche fría. Se pone a hervir con el resto de la leche a fuego lento. En cuanto la salsa espesa, se añaden la mostaza, las alcaparras y se sazona. Se cuece un momento más.

Se espolvorea de cebollino picado antes de servir.

Usos: *Vísceras, pescados en caldo corto, huevos.*

Salsa de champiñones ✕○

Prep.: 15 min - Cocción: 20 min
4 pers. - 36 Kcal./pers.

125 g de champiñones
1 cucharadita de harina
2 cucharadas soperas de nata líquida
  baja en calorías

1 cucharadita de maizena
Sal
Pimienta
Nuez moscada rallada

En una cacerola se cuecen los champiñones limpios y fileteados con 1 vaso de agua. En cuanto están cocidos, se añaden la harina y la maizena desleídas en un poco de agua. Se lleva a ebullición sin dejar de remover.

Se sazona. Se cuece unos minutos más. Se añade la nata líquida en el momento de servir.

Usos: *Verduras cocidas, pastas, arroz, pescados, huevos.*

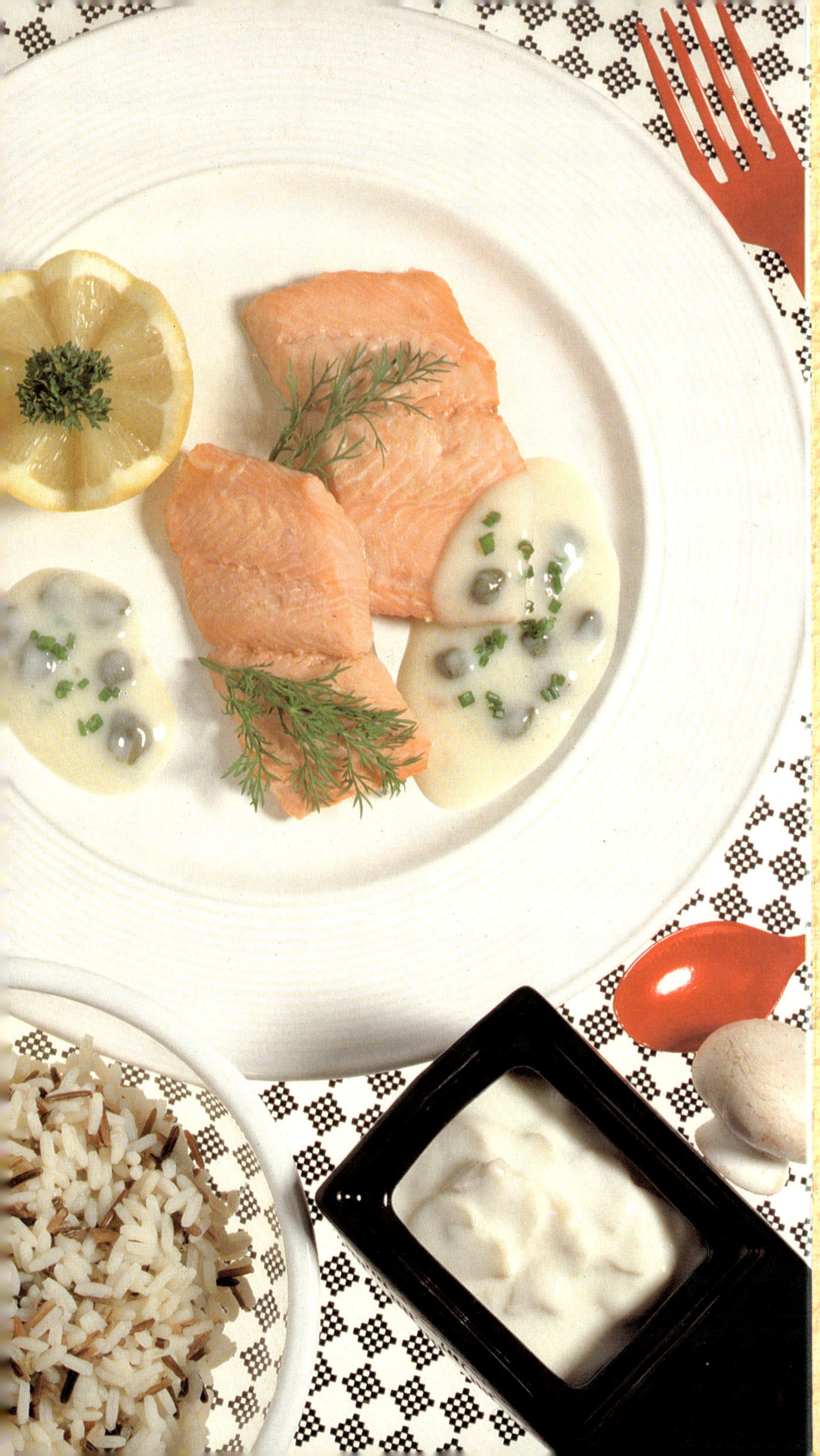

Salsa a la sidra

✗✗∞

Prep.: 15 min - Cocción: 35 min
5 pers. - 50 Kcal./pers.

---

2 zanahorias	2 cucharadas soperas de zumo de limón
100 g de champiñones	Sal
1 cebolla	Pimienta
2 vasos de sidra seca	1 cucharada sopera de harina

Se pelan y se cortan las zanahorias en rodajas. Se filetean los champiñones limpios. Se pela y pica la cebolla.

Se cuecen a fuego lento las zanahorias y la cebolla con la sidra durante 30 minutos. Se retira del fuego y se pasa por la batidora. Se sazona y se añade el zumo de limón. Se deslíe en frío la harina en un poco de agua. Se incorpora a la salsa con los champiñones previamente estofados.

Se vuelve a poner al fuego 5 minutos, sin dejar de remover.

Usos: Verduras cocidas al vapor, carnes a la parrilla.

Salsa al coñac

✗ ✗ ⌒⌒

Prep.: 10 min - Cocción: 20 min
4 pers. - 55 Kcal./pers.

---

1 cebolla
4 tomates
3 cucharadas soperas de coñac
4 cucharadas soperas de nata líquida
  baja en calorías

Sal
Pimienta de cayena
Perejil
Cebollino

En una cacerola se cuece la cebolla picada fino con un poco de agua. En cuanto está transparente, se añaden los tomates pelados y sin semillas. Se hierve a fuego lento 10 minutos.
Se sazona. Se vierte el coñac. Se cuece 5 minutos.
Antes de servir, se incorpora la nata líquida y las finas hierbas picadas. Ya está lista la salsa.

Usos: Pescados, crustáceos.

Salsa de calabacines

✕ ✕ ⚭

Prep.: 10 min - Cocción: 20 min
4 pers. - 35 Kcal./pers.

500 g de calabacines	*Unas gotas de tabasco*
1 cucharada sopera de nata líquida	*Sal*
Estragón y perejil picados	*Pimienta*

Se lavan los calabacines, se pelan y se cortan en trozos. Se cuecen al vapor de 15 a 20 minutos. Se dejan enfriar hasta que estén tibios. Se añade la nata líquida y se pasan por la batidora. Se sazona. Se incorporan las hierbas y el tabasco.

Sírvala en una salsera.

Usos: Pescados hervidos, pasteles de pescado o de verduras.

Salsa de crustáceos

✗ ⚭

Prep.: 5 min - Cocción: 10 min
5 pers. - 50 Kcal./pers.

1 vaso de vino blanco
4 cucharadas soperas de nata líquida baja en calorías
1 cucharada sopera de concentrado de tomate

El zumo de 1 limón
50 g de carne de crustáceos
Sal
Pimienta
Perejil y perifollo picados

Se pasan por la batidora todos los ingredientes. Se pone a fuego lento. Se cuece de 5 a 10 minutos. Se rectifica el punto de sazón si es necesario. Se espolvorea con perifollo y perejil.

Usos: Crustáceos.

Salsas calientes

Salsa al curry

✗ ✗ ⚭

Maceración: 2 h. - Prep.: 10 min - Cocción: 30 min
6 pers. - 45 Kcal./pers.

100 g de coco rallado
400 ml. de agua
2 cebollas
4 dientes de ajo

Cilantro, comino y jengibre molidos
2 cucharaditas de curry
1 cucharada sopera de aceite
Sal

Se deja macerar 2 horas el coco en el agua. Se cuela presionando la pulpa para sacarle todo el jugo. Así se obtiene la leche de coco.

Se calienta el aceite y se doran las cebollas troceadas. Se añaden las especias y el ajo machacado. Se rehoga unos minutos más.

Se moja con 3 ó 4 cucharadas soperas de agua. Se lleva a ebullición y se vierte la leche de coco. Se deja que cueza a fuego lento 15 minutos tapado y 10 minutos sin tapa, removiendo de vez en cuando.

Usos: *Albóndigas, pescados hervidos, huevos.*

Salsas calientes

Salsa crema al estragón

✗✗∞

Prep.: 10 min - Cocción: 20 min
6 pers. - 50 Kcal./pers.

4 chalotas	2 yemas de huevo
5 cl. de vinagre	Sal
1 dl. de vino blanco	Pimienta
4 cucharadas soperas de nata líquida baja en calorías	1 ramita de estragón fresco

Se pelan las chalotas y se pican. Se deja que suelten el líquido unos instantes en una cacerola al fuego. Se añade el vinagre y el vino blanco. Se cuece a fuego vivo hasta que reduzca a la mitad.

Fuera del fuego, se incorporan delicadamente las yemas de huevo a la preparación tibia. Se añade la nata líquida. Se sazona. Se remueve bien para que la salsa quede homogénea. Si es necesario, se vuelve a calentar la salsa a fuego lento, pero sin dejar que hierva.

Un momento antes de servir, se incorpora el estragón picado.

Usos: *Carnes blancas, pescados.*

Salsas calientes

Salsa de queso

Prep.: 5 min - Cocción: 10 min
4 pers. - 35 Kcal./pers.

50 g de queso fundido con 25% de materia grasa	1 cucharadita de cebollino picado
100 g de queso blanco	Sal
1 diente de ajo	Pimienta

Se funde el queso de untar al baño María y después se incorporan, fuera del fuego, todos los ingredientes.
La salsa está lista para servir.

Usos: *Patatas al vapor, verduras cocidas en agua o al vapor.*

Salsa de jengibre

Prep.: 10 min - Cocción: 20 min
4 pers. - 28 Kcal./pers.

1 vaso de vino blanco	2 cucharadas soperas de salsa de tomate
3 chalotas	1 cucharada sopera de azúcar en polvo
2 cucharadas soperas de salsa de soja	1 cucharadita de jengibre fresco rallado
1 cucharadita de pimienta blanca	

Se pelan y se pican las chalotas. En una cacerola se ponen el vino blanco y las chalotas. Se deja que reduzca a la mitad.
Se añade la salsa de tomate y las especias. Se sazona. Se cuece a fuego lento durante 10 minutos.
Fuera del fuego, se incorpora la salsa de soja y se rectifica el punto de sazón si es necesario.

Usos: *Carnes a la parrilla, pasteles calientes de carne.*

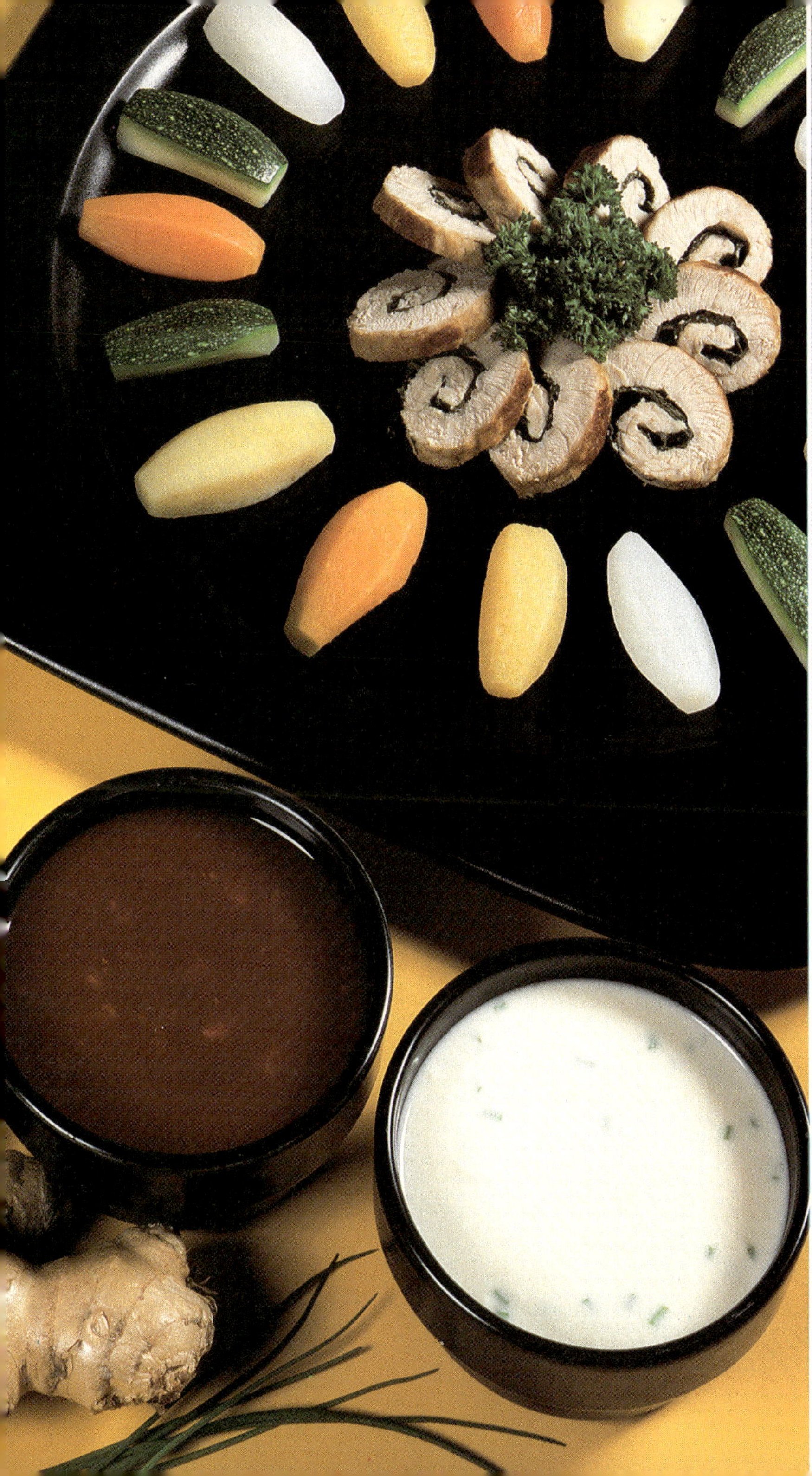

Salsas calientes

Salsa de mostaza n.º 1

✗✗○

Prep.: 10 min - Cocción: 15 min
5 pers. - 40 Kcal./pers.

150 g de queso blanco
2 yemas de huevo
El zumo de 1 limón
1 cucharada sopera de mostaza

2 dientes de ajo
Sal
Pimienta

Se baten bien las yemas de huevo con el zumo de limón.
Se ponen al baño María sin dejar de remover, incorporando el ajo machacado, la sal, la pimienta y la mostaza. En cuanto los huevos empiezan a cuajar, se retira del fuego y se incorpora poco a poco el queso blanco.
Se vuelve a poner al baño María para calentar la salsa.

Usos: Carnes a la parrilla, pescados hervidos, vísceras, huevos duros o escalfados.

Salsa de mostaza n.º 2

✗✗○

Prep.: 15 min - Cocción: 10 min
6 pers. - 40 Kcal./pers.

200 g de queso blanco con 0% de
*   materia grasa*
2 yemas de huevo
1 cucharada sopera de mostaza fuerte

1 cucharada sopera de agua
El zumo de 1 limón
Sal
Pimienta

Se baten las yemas de huevo, el limón y el agua hasta obtener una mezcla homogénea. Se pone al baño María sin dejar de remover. Se sazona y se añade la mostaza.
Cuando los huevos empiezan a cuajar, se retira del fuego y se deja enfriar hasta que esté tibio.
Se añade poco a poco el queso blanco.
Se pone otra vez al baño María para calentar la salsa.
No deje que la salsa hierva, pues se cortaría.

Usos: Carnes a la parrilla, pescados en caldo corto, vísceras, huevos duros.

Salsas calientes

Salsa de cebolla

✗○

Prep.: 15 min - Cocción: 20 min
4 pers. - 46 Kcal./pers.

300 g de cebollas
2 vasos de caldo
2 tomates

Sal
Pimienta

Se pelan las cebolla y se trocean. Se pelan, se lavan los tomates, se les quitan las semillas y después se cortan en cuartos. Se cuecen a fuego lento todos los ingredientes durante 20 minutos aproximadamente.

Usos: *Huevos escalfados, parrilladas.*

Salsas calientes

Salsa al pimentón

✗✗∞

Prep.: 10 min - Cocción: 20 a 25 min
5 pers. - 80 Kcal./pers.

2 cebollas	1 dl. de nata líquida baja en calorías
2 dl. de vino blanco seco	1 cucharadita de pimentón
15 g de margarina de girasol	Sal

Se calienta despacio la margarina en una cacerola. Se añaden las cebollas picadas y se deja a fuego lento. Las cebollas se ponen transparentes en cuanto están hechas. Se vierte el vino blanco, el pimentón y la sal.
Se lleva a ebullición. Se deja que reduzca a la mitad.
Apartado del fuego, se incorpora la nata y se rectifica el punto de sazón si es necesario.

Usos: Carnes rojas, pescados hervidos en caldo corto.

Salsa de puerros

✗✗○

Prep.: 10 min - Cocción: 30 min
4 pers. - 45 Kcal./pers.

400 g de puerros	3 cucharadas soperas de nata baja en calorías
Sal y pimienta	

Se limpian bien los puerros eliminando las partes muy verdes. Se cortan en rodajas. Se cuecen 30 minutos al vapor. Se deja entibiar y se pasa por la batidora con la nata líquida. Se sazona.
Si es necesario, se diluye la salsa con un poco de caldo de verduras.

Usos: Pescados hervidos, pasteles de de pescado.

Salsa de pescado

✘✘∞

Prep.: 10 min - Cocción: 25 min
6 pers. - 35 Kcal./pers.

1/3 l. de vino blanco	50 g de filete de pescado o restos
4 chalotas	Sal
1 yema de huevo	Pimienta

Se pelan y pican las chalotas. Se reduce el vino blanco y las chalotas a la mitad (esta técnica permite que el vino blanco pierda su acidez). Se deja enfriar hasta que esté tibio y se pasa todo por la batidora. Se añade la yema de huevo previamente batida. Se filtra en el chino y se reserva en caliente.

Esta salsa no debe hervir. Manténgala caliente al baño María.

Usos: *Pescados.*

Salsa a la pimienta verde   ✗✗∞

Prep.: 10 min - Cocción: 25 min
4 pers. - 60 Kcal./pers.

---

1 vaso de caldo
5 chalotas
1 vaso de vino blanco
20 g de aceite
1 calabacín pequeño

/ 1/2 pimiento verde pelado
100 g de queso blanco con 0% de
   materia grasa
20 g de pimienta verde
Sal

    Se lava el calabacín y se corta en juliana. Se saltea en una sartén con la cucharada de aceite (la verdura debe quedar crujiente). Se reducen las chalotas y el vino blanco. Se añade el caldo y el pimiento cortado en láminas. Se cuece unos minutos más.
    Justo antes de retirarlo del fuego, se incorporan los calabacines y el pimiento verde. Se vierte la mezcla tibia sobre el queso blanco, sin dejar de remover.

Usos: *Carnes a la parrilla.*

Sabayón al oporto

✗ ✗ ∞

Prep.: 15 min - Cocción: 15 min
5 pers. - 47 Kcal./pers.

El zumo de 1 limón
3 chalotas
10 cl. de vino blanco
2 yemas de huevo

4 cl. de oporto
Sal
Pimienta

Se ponen en una cacerola el oporto y las yemas de huevo. Se baten con las varillas hasta que la mezcla quede espumosa. Se pone la cacerola al baño María y se sigue batiendo hasta que la mezcla triplique su volumen. Se reserva.

En una cacerola se mezclan el zumo de limón, las chalotas picadas y el vino blanco. Se lleva a ebullición y se deja hervir hasta que reduzca 2/3 del líquido. Se incorpora al sabayón. Se sazona. La salsa está lista.

Usos: *Pescados, crustáceos.*

Salsas calientes

Salsa caliente al rábano blanco

Prep.: 10 min - Cocción: 10 min
4 pers. - 35 Kcal./pers.

1/4 l. de leche desnatada
1 cucharada sopera de harina
1 cucharada sopera de rábano blanco

Sal
Perejil

Se pone a calentar la leche.
Se deslíe en frío la harina en un poco de agua. Se vierte poco a poco la leche caliente, sin dejar de remover. Se vuelve a poner al fuego y se cuece a fuego lento.
Se retira la salsa del fuego en cuanto espesa. Se sala y se incorpora el rábano.
Antes de servir, espolvoree con perejil picado.

Usos: Pescados hervidos.

Salsa al azafrán

Prep.: 10 min - Cocción: 25 min
4 pers. - 45 Kcal./pers.

1 vaso de vino blanco
2 vasos de caldo
2 cucharadas soperas de nata líquida
3 chalotas

1 g de azafrán
Sal
Pimienta

Se pican las chalotas y se ponen a cocer en el vino blanco. Se deja que reduzcan la mitad y a continuación se añade el caldo. Se cuece a fuego lento unos 15 minutos.
Se pasa la reducción por la batidora. Se le añade la nata líquida, el azafrán y se sazona. Sírvase muy caliente.

Usos: Pescados, crustáceos.

Salsa con pasas

✗◯

Prep.: 15 min - Cocción: 35 min
5 pers. - 56 Kcal./ pers.

2 dl. de caldo de carne	30 g de uvas pasas
1 vaso de vino tinto	3 chalotas
100 g de nabos	Sal
150 g de zanahorias	Pimienta

    Se cuecen las verduras peladas y cortadas en dados en el caldo. Se deja que enfríe un poco y se pasa por la batidora.
    Se añade el vino tinto y se hierve a fuego lento de 10 a 15 minutos. Se sazona. Se incorporan las pasas previamente hinchadas en agua ligeramente tibia.

    Usos: *Vísceras.*

Salsas calientes

Salsa de tomate

Prep.: 15 min - Cocción: 40 min
4 pers. - 40 Kcal./pers.

1 cucharada sopera de concentrado de tomate	Tomillo
	Laurel
12 tomates frescos	Sal
1 cebolla	Pimienta
4 dientes de ajo	1 cucharada sopera de aceite
Orégano	1 vaso de agua

En una cazuela se dora la cebolla pelada y picada, así como el concentrado de tomate. Se cuece unos instantes sin dejar de remover.

Se añaden los tomates lavados y cortados en cuartos, el ajo machacado, las hierbas, la sal, la pimienta y el vaso de agua. Se tapa y se deja cueza a fuego lento 35 minutos.

Se retiran las hojas de laurel antes de servir.

Usos: Carne picada, croquetas, verduras cocidas al vapor, pasteles de verdura, de carne o de pescado.

Salsa de tomate picante

Prep.: 10 min - Cocción: 30 min
4 pers. - 30 Kcal./pers.

1/2 vaso de vino blanco seco	Sal
1/2 vaso de vinagre de vino	Pimienta
3 chalotas	Perejil
1/2 l. de salsa de tomate	Perifollo
3 pepinillos	Pimienta de cayena

Se reduce a la mitad el vino blanco con el vinagre y las chalotas finamente picadas.

Se vierte la salsa de tomate. Se sazona. Se cuece a fuego lento de 15 a 20 minutos.

Antes de servir se añaden los pepinillos picados, la cayena, el perejil y el perifollo picados.

Usos: Pescados, verduras hervidas.

Salsa de tomate con zanahorias ✖○

Prep.: 15 min - Cocción: 25 min
6 pers. - 45 Kcal./pers.

---

2 cebollas
1 lata de tomate triturado
3 zanahorias
1 cucharada sopera de concentrado de tomate

1 pizca de azúcar
Sal
Pimienta
Perejil picado

Se rehoga unos instantes el concentrado de tomate. Se añaden los tomates y su jugo, las cebollas picadas, las zanahorias peladas y cortadas en cubitos y el azúcar. Se cuece a fuego lento de 25 a 30 minutos, removiendo de vez en cuando.

Se salpimenta y se espolvorea con perejil.

Usos: Carne picada, pastas, arroz, verduras hervidas al vapor.

Salsas calientes

Salsa al vino tinto

✕✕✕◯◯

Prep.: 10 min - Cocción: 25 min
4 pers. - 60 Kcal./pers.

1/2 l. de vino tinto	Sal
1 cebolla	Pimienta
2 zanahorias	1 chalota
20 g de mantequilla	

Se pica la cebolla burdamente. Se pelan la chalota y las zanahorias y después se pican.

Se ponen a cocer las verduras en el vino tinto hasta que reduzca a la mitad. Se retira la espuma de vez en cuando durante la cocción para que no amargue.

Se pasan las verduras por la batidora y se incorporan poco a poco a la salsa. Se monta todo con mantequilla.

Se sazona. La salsa está lista.

Usos: Carnes rojas a la parrilla.

Sabayón de vino tinto

✕✕◯◯

Prep.: 5 min - Cocción: 15 min
4 pers. - 40 Kcal./pers.

5 cl. de vino tinto	Sal
2 yemas de huevo	Pimienta
5 cl. de agua fría	

Se mezclan, batiendo enérgicamente, las yemas de huevo con el agua fría. Se ponen en un cacerola al baño María.

Cuando los huevos empiezan a cuajar, se sazona y se añade el vino tinto. Se sigue batiendo enérgicamente.

Se retira del fuego en cuanto la mezcla es homogénea.

Usos: Parrilladas, huevos escalfados, pescados escalfados.

Salsas calientes

Salsa al vino blanco con zanahorias

Prep.: 15 min - Cocción: 15 min
5 pers. - 50 Kcal./pers.

1/2 l. de vino blanco	*2 cucharadas soperas de nata líquida*
3 zanahorias	*Sal*
3 chalotas	*Pimienta*

En una cacerola se mezclan las zanahorias cortadas en juliana, las chalotas troceadas y el vino blanco. Se deja que el líquido reduzca a la mitad. Se pasa por la batidora.
Se vuelve a poner al fuego. Se sazona y se incorpora la nata líquida.

Usos: *Carnes a la parrilla, pescados hervidos.*

Salsas calientes

Salsa agridulce ✗✗○

Prep.: 15 min - Cocción: 20 min
4 pers. - 40 Kcal./pers.

1 dl. de leche desnatada
1 huevo
1 dl. de puré de tomate
4 cl. de vinagre de vino
1 cucharadita de mostaza

5 g de azúcar
Perejil picado
Sal
Pimienta

Se baten el huevo, el vinagre y la mostaza al baño María, a fuego lento. En cuanto la salsa empieza a espesar, se añaden el puré de tomate y el azúcar. Se sazona. Se deja reducir a la mitad, sin dejar de remover. Se añade la leche.
Se rectifica el punto de sazón si es necesario y se espolvorea con perejil picado. Sírvase tibia o caliente.

Usos: *Carnes blancas, pescados.*

Salsa diabla ✗○

Prep.: 10 min - Cocción: 15 min
4 pers. - 30 Kcal./pers.

1 dl. de vino blanco seco
1 dl. de caldo de carne
3 chalotas
Pimienta
Sal

2 cucharaditas de mostaza
1 cucharada sopera de salsa
  Worcestershire
1 cucharada sopera de ketchup

Se reduce a la mitad el vino blanco, el caldo y las chalotas. Se deja enfriar un poco y se añaden los demás ingredientes.
Se calienta de nuevo y se sirve inmediatamente.

Usos: *Carnes a la parrilla, pescados a la parrilla, fondues de carne, aves asadas.*

Salsa a la flamenca

✗✗⊗

Prep.: 15 min - Cocción: 25 min
4 pers. - 35 Kcal./pers.

---

100 g de champiñones
30 cl. de cerveza rubia
1 cucharadita de vinagre
1/2 cucharadita de azúcar
Sal

Pimienta
1 vaso de caldo
Nuez moscada
1 cucharadita de maizena
1 cebolla

Se blanquea la cebolla picada con un poco de caldo. Se vierten la cerveza, el vinagre y el azúcar. Se sazona. Se cuece a fuego lento 20 minutos. A mitad de cocción, se añaden los champiñones limpios y fileteados.

Se deslíe en frío la maizena en el resto del caldo, el machaca el ajo y se añade todo a la salsa. Se lleva a ebullición sin dejar de remover. En cuanto espesa la salsa, se retira del fuego y se sirve de inmediato.

Usos: *Carnes rojas, aves.*

Salsas calientes

Salsa aurora

✖◯

Prep.: 10 min - Cocción: 10 min
5 pers. - 70 Kcal./pers.

1/4 l. de leche semidesnatada	20 g de harina
1 cucharada sopera de concentrado de tomate	Sal
	Pimienta
15 g de margarina de girasol	2 cucharadas soperas de nata líquida

Se funde la margarina. Se añade la harina sin dejar de remover. Se deja cocer unos instantes y después se moja con la leche. Se remueve con el fin de obtener una mezcla homogénea.
Se lleva a ebullición y se hierve unos 5 minutos.
Se incorporan el concentrado de tomate y la nata líquida. Se sazona.

Usos: *Huevos duros, vísceras.*

Salsa blanca

✖◯

Prep.: 10 min - Cocción: 15 min
4 pers. - 25 Kcal./pers.

1/4 l. de leche desnatada o de caldo	Pimienta
20 g de maizena	Nuez moscada
Sal	

Se deslíe en frío la maizena con un poco de líquido.
Mientras tanto, se calienta la leche (o el caldo). Se vierte poco a poco sobre la maizena.
Se vuelve a poner al fuego hasta que espese la mezcla, sin dejar de remover.
Fuera del fuego, se salpimenta y se añade una pizca de nuez moscada.

Variante: Salsa aurora (salsa blanca y concentrado de tomate).

Usos: *Verduras hervidas, carnes blancas, pescados.*

Salsa blanquette

✗✗∞

Prep.: 20 min - Cocción: 25 min
4 pers. - 45 Kcal./pers.

---

1 zanahoria
150 g de champiñones
1 cebolla
1 nabo
1 yema de huevo
1 ramillete de hierbas aromáticas

100 g de queso blanco
Sal
Pimienta
Perejil picado
1/4 l. de agua

Se prepara un caldo corto con la zanahoria, la cebolla, el nabo, el ramillete de hierbas y el agua. Se deja cocer a fuego lento 25 minutos aproximadamente. Se deja enfriar un poco y a continuación se pasan por la batidora las verduras. Se pasan por la sartén los champiñones en láminas.

Se vierte el caldo sobre el puré de verduras. Se añaden los champiñones y después el queso blanco batido con la yema de huevo. Se sazona y se espolvorea con perejil. Si es necesario, se recaliente la salsa al baño María.

Usos: *Ternera o ave en salsa, albóndigas.*

Salsas calientes

Salsa bordelesa

✗✗⊙⊙

Prep.: 10 min - Cocción: 25 min
5 pers. - 75 Kcal./pers.

1 cucharadita de concentrado de tomate	15 g de mantequilla
5 chalotas	20 g de harina
2 vasos de vino tinto	Sal
2 vasos de caldo de carne	Pimienta

    Se doran en la mantequilla las chalotas peladas y picadas. Se vierte la harina de una vez sin dejar de remover.
    Aparte del fuego, se moja con el vino y el caldo. Se remueve hasta obtener una preparación homogénea. Se lleva a ebullición y después se deja cocer a fuego lento de 10 a 15 minutos. La salsa debe reducir ligeramente. Se salpimenta y se añade el concentrado de tomate. Se cuece otros 5 minutos.

    Usos: *Parrilladas, brochetas.*

Salsas calientes

Salsa charcutera

Prep.: 10 min - Cocción: 25 a 30 min
4 pers. - 50 Kcal./pers.

30 g de jamón magro
1 cebolla
1 cucharada sopera de harina
1 vaso de vino blanco seco
1 vaso de caldo

Sal
Pimienta
1 ramita de tomillo
3 pepinillos

Se corta el jamón en tiras finas. Se pela y pica la cebolla. Se parten en daditos los pepinillos.

En una cacerola, se cuecen la fuego lento todos los ingredientes, salvo la harina, durante 20-25 minutos.

Se deslíe la harina en un poco de agua y se añade a la salsa. Se lleva a ebullición sin dejar de remover. Se cuece unos minutos más y se rectifica el punto de sazón.

Usos: *Chuletas o filetes a la parrilla, vísceras (lengua).*

Salsas calientes

Salsa cazadora

Prep.: 15 min - Cocción: 15 min
4 pers. - 40 Kcal./pers.

3 chalotas
150 g de champiñones
1 cucharada sopera de concentrado de tomate
1 cucharadita de harina
2 cucharadas soperas de nata baja en calorías
Sal y pimienta
Perejil picado
Hierbas provenzales

En una cacerola se doran las chalotas y los champiñones lavados y picados. Se añade el vino blanco y el concentrado de tomate. Se deja cocer a fuego lento 10 minutos.
Se incorpora la harina previamente desleída en un poco de agua y se lleva a ebullición unos minutos. Se sazona. Se espolvorea con las hierbas y se vierte la nata.

Usos: *Parrilladas, pescados escalfados.*

Salsa al modo español

Prep.: 10 min - Cocción: 40 min
4 pers. - 50 Kcal./pers.

5 dientes de ajo
4 tomates
1 pimiento rojo
1 cucharada sopera de aceite de oliva
Pimentón dulce
1 pizca de pimienta de cayena
Sal

Se rehogan en el aceite de oliva los tomates pelados y cortados en cuartos y los pimientos cortados en láminas.
Se añaden las especias y la sal, y se deja que reduzca unos 30 minutos.
Se machaca el ajo en un mortero.
Se pasa todo por la batidora y se sirve muy caliente.

Usos: *Verduras, carnes, pescados.*

Salsas calientes

Salsa financiera

✕✕○

Prep.: 10 min - Cocción: 20 min
4 pers. - 60 Kcal./pers.

---

15 g de margarina de girasol
20 g de harina
1/4 l. de caldo
100 g de champiñones

1 cucharada sopera de vino de Madeira
Sal
Pimienta

Se derrite la mantequilla a fuego lento. Se vierte la harina removiendo con el fin de obtener una pasta lisa y espesa. Se vierte el caldo y se sigue removiendo a fuego lento.

Se pasan por la sartén los champiñones cortados en láminas. Se dejan enfriar un poco y se añaden picados a la salsa.

Se sazona y se incorpora el vino de Madeira.

Usos: _Carnes asadas, vísceras._

Salsas calientes

Salsa al modo griego

✗✗∞

Prep.: 10 min - Cocción: 15 min
5 pers. - 43 Kcal./pers.

---

1 cebolla
El zumo de 1 limón
1/2 vaso de vino blanco
2 cucharadas soperas de concentrado de tomate
3 dientes de ajo
2 ramas de tomillo

3 hojas de laurel
Unos granos de cilantro
Sal
Pimienta
1 cucharada sopera de aceite de oliva
1 vaso de agua

Se llevan a ebullición durante 10 minutos la cebolla troceada, el vino blanco, el tomillo, el cilantro, la sal y la pimienta.

Fuera del fuego, sin dejar de remover, se añade el zumo de limón, el agua, el concentrado de tomate y el ajo machacado. Se cuece unos minutos. Se deja enfriar hasta que esté tibia y se retiran las ramas de tomillo y las hojas de laurel. Se incorpora el aceite de oliva.

Usos: *Carnes, parrilladas.*

Salsa al modo marsellés

✗✗∞

Prep.: 20 min - Cocción: 40 min
8 pers. - 64 Kcal./pers.

El zumo de 2 limones
3 chalotas
50 g de zanahorias
50 g de apio
50 g de champiñones
20 g de margarina de girasol
3 dientes de ajo

1 lata de tomates pelados
4 cucharadas soperas de nata líquida
1/4 l. de vino blanco
Sal
Pimienta
Tomillo
Perejil

Se lavan, pelan y cortan en juliana las verduras. Se rehogan todas las verduras en una sartén. Se moja con el vino blanco y los tomates pelados en puré.

Se sazona y se deja cocer a fuego lento de 25 a 30 minutos. A mitad de cocción, se añade el zumo de limón. Se diluye la salsa con la nata líquida y se incorpora el ajo machacado. Se espolvorea con perejil picado.

Usos: *Verduras, carnes picadas, pescados, parrilladas.*

Salsas calientes

Salsa provenzal

Prep.: 15 min - Cocción: 40 min
4 pers. - 35 Kcal./pers.

8 tomates
1 pimiento verde
1 pimiento amarillo
1 cebolla
6 dientes de ajo

2 hojas de laurel
Sal
Pimienta
Hierbas provenzales

Se lavan y se pelan los tomates. Se les quitan las pepitas a los pimientos y se cortan en tiras finas. Se machaca el ajo. Se pelan y trocean las cebollas. Se ponen todos los ingredientes en una cacerola. Se cuece a fuego vivo durante 10 minutos. Se tapa y se deja cocer a fuego lento unos 25 minutos.

Se retiran las hojas de laurel. Puede añadirse una punta de pimentón.

Usos: *Huevos escalfados, verduras cocidas, vísceras.*

Salsas calientes

Salsa holandesa baja en calorías

Prep.: 5 min - Cocción: 10 min
4 pers. - 67 Kcal./pers.

1 yema de huevo
15 g de mantequilla
1 cucharada sopera de maizena
El zumo de 1 limón

Sal
Pimienta
4 cucharadas soperas de nata líquida

Se calientan ligeramente la yema de huevo y el zumo de limón. Se añade poco a poco la mantequilla. Se bate todo con las varillas incorporando la maizena y después la nata líquida y el agua hirviendo.
Se retira del fuego.
Se sazona y se sirve inmediatamente.

Esta salsa no debe hervir nunca. Si es necesario, caliéntela al baño María.

Usos: Pescados, carnes blancas, espárragos.

Salsa india

Prep.: 15 min - Cocción: 25 min
5 pers. - 47 Kcal./pers.

10 g de margarina de girasol
1 cebolla
15 g de harina
1/4 l. de agua
1 pimiento verde

1 pimiento rojo
1 cucharada sopera rasa de curry
3 cucharadas soperas de leche
*   concentrada*
Sal

Se prepara una salsa rubia con la margarina, la cebolla picada y la harina. Se añade poco a poco el agua sin dejar de remover con las varillas. Se reserva.
Se añaden los pimientos sin semillas y troceados. Se sala. Se cuece la salsa a fuego lento de 15 a 20 minutos.
Justo antes de servir, se incorpora la leche y el curry.

Usos: Curry de carne, de verduras, de pescado.

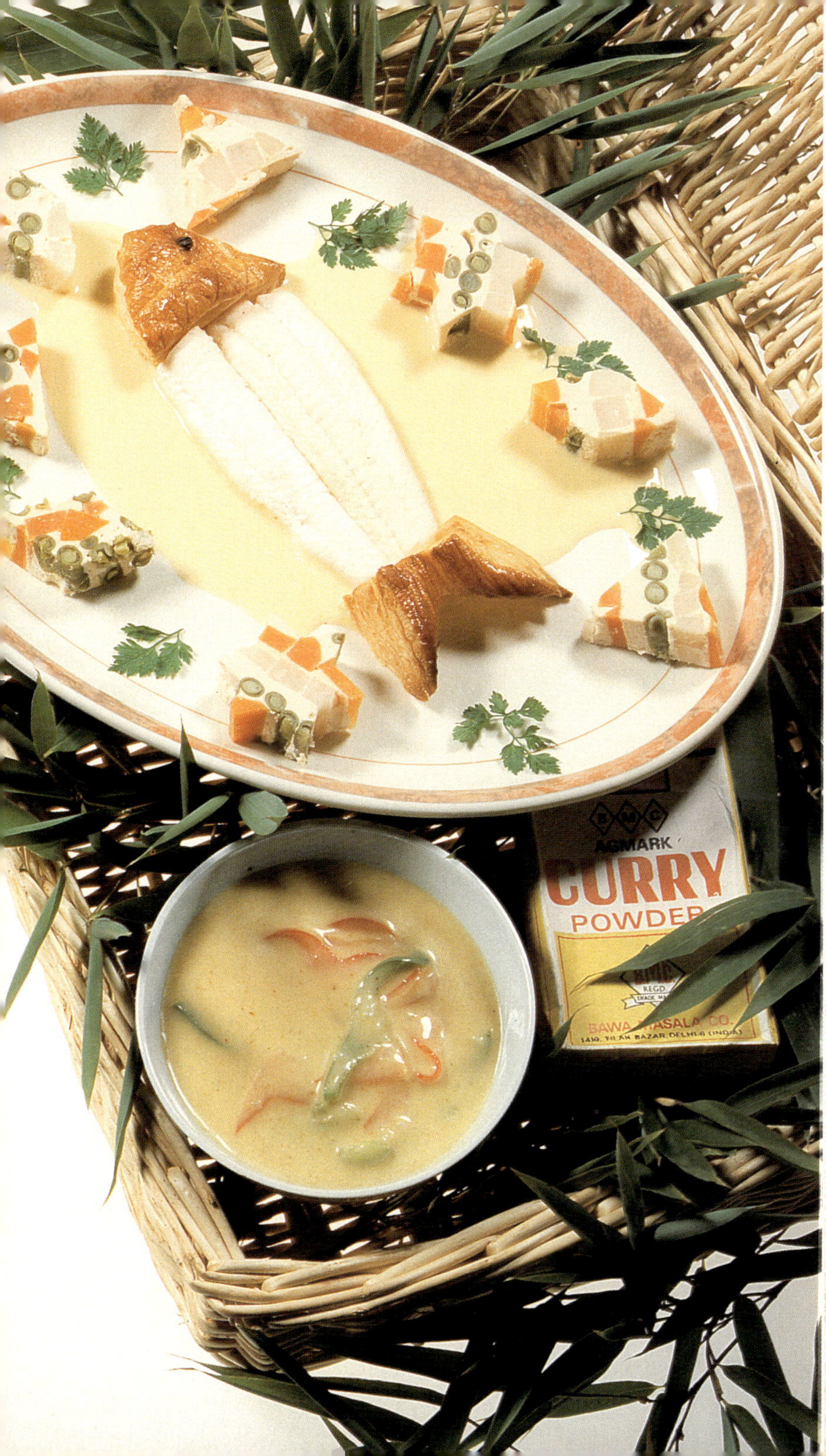
AGMARK
CURRY
POWDER

Salsas calientes

Salsa madeira

✗✗○

Prep.: 10 min - Cocción: 30 min
6 pers. - 70 Kcal./pers.

---

1 vaso de vino blanco *125 g de champiñones*
3 vasos de caldo de carne *3 cucharadas sopera de vino de Madeira*
20 g de margarina de girasol *Sal*
25 g de harina *Pimienta*

Se derrite la margarina a fuego lento. Se vierte de una vez la harina sin dejar de remover. Se deja que se dore. Se moja con el vino y el caldo. Se lleva a ebullición sin dejar de remover. Se salpimenta. Se cuece 30 minutos a fuego lento.

En una sartén se deja que suden los champiñones lavados y fileteados. Se añaden a la salsa con el vino de Madeira. Se rectifica el punto de sazón si es necesario.

Usos: *Jamón asado, riñones, hígado, mollejas, aves a la parrilla o tournedos.*

Salsa poulette

XXO

Prep.: 15 min - Cocción: 25 min
5 pers. - 60 Kcal./pers.

20 g de harina
1/4 de leche desnatada
50 g de champiñones
Sal
Pimienta
El zumo de 1/2 limón
Estragón
2 yemas de huevo

Se deslíe en frío la harina en la leche. Se espesa a fuego lento, sin dejar de remover. Se retira del fuego.

Se lavan los limones y se sazonan con limón. Se les deja que suelten el líquido y se les añade a la salsa.

Se baten las yemas de huevo en tortilla con el estragón picado. Se vierte poco a poco la salsa caliente sobre los huevos.

Esta salsa no debe hervir. Si es necesario, caliéntela al baño María.

Usos
Pastas, arroz, pescados, huevos, verduras.

Salsa mercader de vino

✗✗○

Prep.: 10 min - Cocción: 20 min
4 pers. - 35 Kcal./pers.

---

5 chalotas	1 caldo de carne
1 vaso de vino tinto	Pimienta
1 vaso de agua	1 cucharadita de harina

Se pelan y se pican finamente las chalotas. Se cuecen todos los ingredientes salvo la harina. En cuanto la salsa ha reducido a la mitad, se retira del fuego.

Se deslíe la harina en un poco de agua. Se vierte en la salsa sin dejar de remover. Se pone de nuevo sobre el fuego vivo. Se cuece de 2 a 3 minutos tras el primer hervor.

Pruébela y rectifique el punto de sazón si es necesario.

Usos: Huevos escalfados, algunos pescados escalfados, parrilladas.

Salsa normanda

✗⃝⃝

Prep.: 10 min - Cocción: 15 min
4 pers. - 70 Kcal./pers.

---

100 g de gambas peladas
10 cl. de nata baja en calorías (con 15%
  de materia grasa)

100 g de mejillones pelados
15 g de maizena

Se diluye en frío la maizena con la nata baja en calorías. Se calienta removiendo al tiempo. En cuanto la salsa espesa, se retira del fuego.

Se sazona y se incorporan las gambas y los mejillones. Se cuece a fuego lento durante aproximadamente 10 minutos.

Usos: *Pescados hervidos.*

Salsa piamontesa

Prep.: 10 min - Cocción: 20 min
4 pers. - 30 Kcal./pers.

8 cucharadas soperas de zumo de tomate	Perejil
4 cucharadas soperas de salsa de soja	4 dientes de ajo /4 cucharadas soperas de vinagre de vino
Sal	
Pimienta	1 cucharada sopera de miel

Se mezclan todos los ingredientes menos la miel y el perejil. Se cuece a fuego lento de 15 a 20 minutos. Unos instantes antes de servir, se incorpora la miel y se espolvorea con perejil picado.

Esta salsa agridulce debe ser untuosa y perfumada.

Usos: *Platos exóticos a base de buey o de cerdo.*

Salsa oriental

✕ ∞

Prep.: 5 min - Cocción: 25 min
4 pers. - 25 Kcal./pers.

---

1 cebolla
1 pastilla de caldo
1/2 l. de agua
1 yogur natural

1 cucharadita de comino en polvo
1 cucharadita de cilantro en polvo
Sal
Pimienta

Se diluye la pastilla de caldo en el agua. Se añaden las cebollas picadas. Se deja que reduzca a la mitad. Se incorpora el yogur y las especias. Sírvala inmediatamente.

Si es necesario, caliéntela al baño María.

Usos: Carnes picadas, carnes blancas a la parrilla.

Salsas calientes

Salsa picante

✗O

Prep.: 10 min - Cocción: 10 min
4 pers. - 50 Kcal./pers.

1/4 l. de caldo	1 cucharadita de vinagre
15 g de margarina	3 ó 4 pepinillos
15 g de harina	1 cucharadita de concentrado de tomate

Se derrite la margarina. Se añade la harina de una vez. Se remueve y se retira del fuego cuando se consigue una mezcla espumosa.

Se vierte el caldo. Se bate con las varillas. Se lleva a ebullición y se deja que espese unos 5 minutos. Se añade el vinagre, los pepinillos picados y el concentrado de tomate. Se salpimenta y vuelve a ponerse unos instantes al fuego.

Usos: *Vísceras, huevos, carnes blancas, asados.*

Salsa portuguesa

✗✗∞

Prep.: 15 min - Cocción: 25 min
4 pers. - 65 Kcal./pers.

---

30 g de jamón
2 cebollas
1/2 vaso de caldo de verdura
6 tomates
Sal

Pimienta
2 cucharadas soperas de nata baja en calorías
Pimentón
1 pimiento verde

Se cuecen las cebollas picadas en un poco de caldo. Se añade el jamón en tiras finas, el pimiento verde troceado y los tomates pelados. Se salpimenta. Se cuece 20 minutos a fuego lento.

Antes de servir, se incorpora la nata y se espolvorea con pimentón.

Usos: Pescados hervidos, huevos escalfados o duros, carnes en lonchas.

Salsas dulces

Coulis de frambuesa

Prep.: 10 min
4 pers. - 25 Kcal./pers.

250 g de frambuesas
El zumo de 1 limón

Edulcorante

Se pasan las frambuesas por la batidora con el zumo de limón. Se añade edulcorante al gusto (la salsa debe conservar cierta acidez).
Se pasa por el chino para eliminar las pepitas.

Usos: Helados, frutas frescas.

Coulis de melocotón

Prep.: 10 min - Cocción: 10 min
8 pers. - 50 Kcal./pers.

4 melocotones frescos
1 limón
1 cucharada sopera de aguardiente
Extracto de vainilla

Unas gotas de extracto de almendras amargas
2 pizcas de canela

Se pelan y deshuesan los melocotones. Se cuecen unos 10 minutos en un poco de agua. Se dejan enfriar un poco y se pasan por la batidora.
Se añaden los demás ingredientes. Se mezcla bien.
Se mete en el frigorífico y se sirve frío.

Usos: Frutas cocidas, helados, plum-cakes, carlotas.

Salsas dulces

Coulis de pera

Prep.: 10 min - Cocción: 15 min
6 pers. - 55 Kcal./pers.

3 peras
1 vaso de vino blanco
1 yogur natural

Edulcorante
Canela

Se trocean las peras peladas y sin pepitas. Se cuecen a fuego lento con el vino blanco unos 15 minutos.

Se pasa por la batidora la preparación tibia. Se incorpora el yogur natural sin dejar de remover hasta obtener una salsa untuosa. Se añade el edulcorante y se espolvorea de canela antes de servir.

Usos: *Helados, frutas frescas.*

Salsas dulces

Salsa al limón verde

Prep.: 15 min - Cocción: 10 min
6 pers. - 60 Kcal./pers.

El zumo de 2 limones verdes	20 g de harina
2 huevos	Edulcorante
1/4 l. de leche desnatada	

Se baten las yemas de huevo con el edulcorante hasta obtener una mezcla blanca y espumosa. Se incorpora la harina. Se vierte poco a poco la leche caliente, sin dejar de remover.
Se vuelve a poner al fuego y se cuece la preparación unos minutos. Se reserva y se deja enfriar hasta que esté tibio.
Se baten las claras de huevo a punto de nieve firme. Se incorpora a esta salsa el zumo de limón y después las claras de huevo.

Usos: *Ensaladas de frutas, frutas escalfadas, cremas heladas, carlotas.*

Salsa a la naranja

Prep.: 5 min - Cocción: 15 min
4 pers. - 35 Kcal./pers.

15 cl. de zumo de naranja	1 pizca de edulcorante
1 yema de huevo	

Se bate la yema de huevo con el zumo de naranja.
Se cuece al baño María, batiendo, por espacio de 10 a 15 minutos, hasta que la mezcla adquiera consistencia espumosa y aumente de volumen.

Esta salsa se sirve tibia o caliente.

Usos: *Frutas cocidas en papillote, manzanas asadas, flanes tibios.*

Dips de ruibarbo

✗○

Prep.: 15 min - Cocción: 20 min
4 pers. - 40 Kcal./pers.

---

400 g de ruibarbo
Edulcorante

2 cucharadas soperas de nata líquida

Se pela el ruibarbo y se corta en trozos de 2 a 3 cm de largo. Se espolvorea con edulcorante y se cuece de 15 a 20 minutos a fuego lento. Se deja que enfríe hasta estar tibio y se escurre.

Se incorpora la nata líquida. La salsa está lista.

Usos: Frutas crudas, ensaladas de frutas, carlotas de fruta.

Salsas dulces

Sabayón a la vainilla   ✗✗✗⚭

Prep.: 15 min - Cocción: 5 a 10 min
4 pers. - 70 Kcal./pers.

---

2 yemas de huevo
15 cl. de vino blanco seco
Edulcorante

2 cl. de aguardiente
1 cucharada sopera de zumo de limón
1 cucharadita de extracto de vainilla

Se mezclan las yemas de huevo y el edulcorante hasta obtener una mezcla espumosa. Se incorporan poco a poco los demás ingredientes, sin dejar de remover.

Se bate con las varillas toda la preparación, al baño María, hasta obtener una crema untuosa y espumosa.

El sabayón se sirve tibio o frío.

Usos: *Frutas, helados, pasteles.*

Salsa de vainilla   ✗✗✗O

Prep.: 15 min - Cocción: 10 min
6 pers. - 75 Kcal./pers.

1/2 l. de leche desnatada
2 cucharadas soperas de leche en polvo
4 yemas de huevo

Edulcorante
1 vaina de vainilla

Se mezclan la leche y la leche en polvo. Se pone todo a calentar con la vainilla.

Mientras tanto, se baten los huevos como para tortilla con el edulcorante, hasta obtener una mezcla espumosa.

Se vierte poco a poco la leche caliente sobre la preparación, retirando la vaina de vainilla.

Se pone otra vez al fuego y se espesa removiendo constantemente con una espátula (no deje que hierva). La salsa está lista en cuanto se pega a la espátula.

Usos: *Helados, frutas escalfadas, pasteles.*

Salsa de chocolate ✗✗○

Prep.: 10 min - Cocción: 10 min
4 pers. - 55 Kcal./pers.

---

30 g de cacao sin azúcar
1 yema de huevo
10 cl. de leche desnatada

Edulcorante
1 cucharada sopera de nata líquida

Se mezclan el edulcorante, el cacao y la leche. Se pone a fuego lento y se deja que hierva suavemente 5 minutos. Se retira del fuego y se deja enfriar hasta que esté tibio. Se incorpora la yema de huevo y a continuación la nata líquida. Se recalienta a fuego lento.

Usos: *Frutas escalfadas, pasteles.*

Salsas dulces

Salsa al Cointreau

Prep.: 5 min - Cocción: 15 min
5 pers. - 52 Kcal./pers.

El zumo de 2 naranjas El zumo de 2 limones 1 cáscara de limón	3 cucharadas soperas de Cointreau 20 g de azúcar Edulcorante

Se carameliza el azúcar calentándola suavemente en una sartén con un poco de agua. Se diluye con los zumos de naranja y limón. Se añade la cáscara y el edulcorante.
Se deja que reduzca la mitad.
Se vierte el Cointreau y se sirve muy caliente.

Usos: Frutas frescas, cremas heladas.

Salsa caliente al coñac

Prep.: 10 min - Cocción: 15 min
6 pers. - 45 Kcal./pers.

1/4 l. de leche desnatada 2 cucharadas soperas de nata baja en calorías	25 g de maizena 2 cucharadas soperas de coñac Edulcorante

Se deslíe la maizena en un poco de leche. Se vierte poco a poco la leche caliente, sin dejar de remover.
Se pone todo en una cacerola y se cuece la salsa removiendo. Se retira del fuego al primer hervor.
Se incorporan los demás ingredientes y se sirve de inmediato.

Usos: Carlotas, pasteles, plum-cakes.

Salsas dulces

Salsa al vino tinto

✘○

Prep.: 5 min - Cocción: 20 min
4 pers. - 20 Kcal./pers.

1 vaso de vino tinto *Unas rodajas de naranja*
1 vaso de agua *Edulcorante*
1 limón en rodajas *Canela en rama*

Se reúnen todos los ingredientes en una cacerola.
Se cuece a fuego lento durante 20 minutos aproximadamente. Se deja enfriar.

Esta salsa se sirve caliente, tibia o fría.

Usos: *Frutas.*

ÍNDICE DE RECETAS

Salsas frías

Salsa de anchoas	4
Mayonesa con aguacate	4
Salsa de alcaparras	5
Salsa al limón	6
Salsa al limón con cangrejo	6
Dips de coliflor	7
Salsa crema a la alcaravea	8
Salsa crema 10%	8
Salsa de chalotas	10
Salsa a las hierbas	10
Salsa rosa de queso blanco	12
Salsa de queso fresco	12
Muselina al queso blanco	13
Salsa al queso azul	14
Salsa al queso de cabra	14
Salsa al roquefort	15
Salsa de mostaza	16
Salsa picante con verduras	16
Salsa para ostras	17
Salsa de cebolla	18
Sambal de cebolla	18
Salsa fría de naranja	20
Salsa de pomelo	21
Salsa al rábano blanco	22
Salsa con soja	22
Salsa al tamarisco	23
Salsa de tomates frescos	24
Chutney de tomate y menta	25
Salsa de yogur a la menta	26
Salsa de yogur con limón	26
Salsa de yogur picante	27
Salsa vinagreta	28
Vinagreta baja en calorías	28
Vinagreta esbeltez	29
Salsa alioli baja en calorías	30
Salsa bearnesa baja en calorías	30
Salsa búlgara	32
Salsa californiana	32
Salsa cocktail	33
Salsa criolla	34
Salsa griega	35
Salsa grelette	36
Salsa gribiche	36
Salsa jardinera	37
Salsa muselina	38
Salsa ravigote	39
Salsa tártara	40
Salsa vietnamita	40

Salsas calientes

Crema de ajo	42
Salsa a la albahaca	43
Salsa de alcaparras	44
Salsa de champiñones	44
Salsa a la sidra	46
Salsa al coñac	47
Salsa de calabacines	48
Salsa de crustáceos	49
Salsa al curry	50
Salsa crema al estragón	51
Salsa de queso	52
Salsa de jengibre	52
Salsa de mostaza nº 1	54
Salsa de mostaza nº 2	54
Salsa de cebolla	55
Salsa al pimentón	56
Salsa de puerros	56
Salsa de pescado	57
Salsa a la pimienta verde	58
Sabayón al oporto	59
Salsa caliente al rábano blanco	60
Salsa al azafrán	60
Salsa con pasas	61
Salsa de tomate	62
Salsa de tomate picante	62
Salsa de tomate con zanahorias	63
Salsa al vino tinto	64
Sabayón de vino tinto	64
Salsa de vino blanco con zanahorias	65
Salsa agridulce	66
Salsa diabla	66

Salsa a la flamenca	67	Salsa oriental	83
Salsa aurora	68	Salsa picante	84
Salsa blanca	68	Salsa portuguesa	85
Salsa blanquette	69		
Salsa bordelesa	70	**Salsas dulces**	
Salsa charcutera	71		
Salsa cazadora	72	Coulis de frambuesa	86
Salsa al modo español	72	Coulis de melocotón	86
Salsa financiera	73	Coulis de pera	87
Salsa al modo griego	74	Salsa al limón verde	88
Salsa al modo marsellés	74	Salsa a la naranja	88
Salsa provenzal	75	Dips de ruibarbo	89
Salsa holandesa baja en calorías	76	Sabayón a la vainilla	90
Salsa india	76	Salsa de vainilla	90
Salsa madeira	78	Salsa de chocolate	91
Salsa poulette	79	Salsa al Cointreau	92
Salsa mercader de vino	80	Salsa caliente al coñac	92
Salsa normanda	81	Salsa al vino tinto	93
Salsa piamontesa	82		

Traducción: Mª. Isabel López López
© S.A.E.P.
© SUSAETA EDICIONES, S.A.
Campezo s/n - 28022 Madrid
Tel. 300 91 00 - Fax 300 91 10
Impreso en la UE